Hans-Peter Feldmann / Hans-Henning Schultes

Rheinische Reflexionen

Natur, Bergbau und Sicherheit
Nachhaltigkeit am Niederrhein?
… gefährlicher Glaube

Einblick in den Lebensraumschutz des
bergbaubetroffenen Niederrheins seit den 1990er Jahren.
hier:
Untertage-Bergbau
Tagebau-Bergbau

Verlag **tredition** 2023

Hans-Peter Feldmann

HochWasser- und InfrastrukturSchutz-Initiative am Niederrhein (HWS)

In unserer Welt, in der Rheinabflüsse und Starkregen unkontrollier-
bar sind und die Deichlinie uns nicht mehr schützt,

stellt sich die Frage:

Wie lange können wir in unserem durch Bergbau beeinträchtigten
und abflusslosen Siedlungsgebiet noch leben?

© 2023/2024 Hans-Peter Feldmann, Hans-Henning Schultes

Verlag: Tredition

Satz & Layout von Hans-Peter Feldmann

Herausgegeben von: Hans-Peter Feldmann

Druck und Distribution im Auftrag der Autoren:
tredition GmbH, Heinz-Beusen-Stieg 5, 22926 Ahrensburg, Deutschland

Titelbild: Mächtiges Wetter am Niederrhein bei Wesel (Foto Privat)

ISBN 978-3-384-06376-2

Der Autor

1941: geboren in Essen

1948-1956 Solide Grundausbildung
in Bad Segeberg/Bottrop

1956-1959 Ausbildung zum Karosseriebauer,
Firma Fried. Krupp, Essen

1959-1965 Karosseriebauer, Fertigungsplaner
Krupp-Essen, BKS-Velbert

1965-1995 Arbeitsvorbereiter, Projektleiter, Stabsstellenleiter in Rheinstahl-Berg-
bau, später Ruhrkohle AG: Reorganisation der Tagesbetriebsanlagen,
Instandhaltungswesen, Betriebsorganisation.

1963-1974 Abgeschlossenes Studium zum Arbeitsvorbereiter,
REFA-Fachmann, Maschinenbau (Industrial Engineering)

Seit 1996 wohnhaft in Xanten. Politisch tätig in Xanten, Kreis Wesel

Seit 1996 bis derzeit: bürgerschaftlicher Einsatz zur Lebensraumsicherung berg-
baubetroffener Niederrhein-Gebiete

Seit 1996: Vorsitzender/Sprecher der Bürgerinitiative

„**HochWasser- und InfrastrukturSchutz-Initiative am Niederrhein** (HWS)

Weitere Informationen unter www.nr-feldmann.de

**Wir sind nicht nur verantwortlich für das, was wir tun,
sondern auch für das, was wir nicht tun.**

Jean-Baptiste Poquelin alias Moliere

Inhaltsübersicht

Dieses Buch ist den Menschen gewidmet,

die die Auswirkungen des Klimawandels und des Bergbaus am Niederrhein erleben. Trotz des Wissens um die drohenden Gefahren, scheint die politische Kraft in NRW für notwendige Maßnahmen zu fehlen.

Es ist beunruhigend, dass Regierungsvertreter seit Jahrzehnten den unzureichenden Schutzgrad angesichts des potenziellen Schadens an Werten, Menschenleben und Infrastruktur als angemessen betrachten.

Es ist an der Zeit, dass wir alle gemeinsam handeln, um unsere Heimat zu schützen.

Dieses Buch erhebt keinen Anspruch

- auf eine vollständige Sicht auf die Summe der Einwirkungen die derzeit und künftig auf den Niederrhein einwirken.
- bis auf wenige Ausnahmen beziehen wir uns auf Aussagen von Behörden, wissenschaftliche Abhandlungen, Medienberichte und eigene Recherchen.

Wir diskutieren Zukunfts-Chancen die sich durch die hundertjährige Bergbautätigkeit, infolge zunehmender Verletzlichkeit und Gefährdungen mit Blick auf den Klimawandel, einer nachhaltigen Lösung bedürfen.

Ich erkenne an, dass das Hauptthema "WASSER" eine Vielzahl von Aspekten und Zusammenhängen umfasst, sowohl in Bezug auf die unterirdischen Bergbaugebiete als auch auf das Rheinische Revier. Es ist durchaus üblich und manchmal sogar notwendig, bestimmte Informationen mehrfach zu erwähnen, um verschiedene Aspekte hervorzuheben oder zu betonen. Bei spezifischen Fragen stehe ich Ihnen selbstverständlich gerne zur Verfügung.

„Mehr als die Vergangenheit interessiert uns die Zukunft,

denn in ihr Gedenken wir zu leben." (Albert Einstein)

Danke

Den Medienvertretern, allen, die dazu beigetragen haben, die Sorgen um den Erhalt des Niederrheins mit mir zu teilen, zu hinterfragen, zu korrigieren und zu ergänzen, meinen tiefsten Dank.

Meinen herzlichen Dank gilt unseren Wegbegleitern u.a.: Michael Claeßen, Klaus Kall, Hubert von Grabczewski, Peter Wanders, Dr. Helmut Lang, Werner Raue (†), Gert Gatermann (†), Herman Janßen, Karlheinz Kamps, Tjerk Miedema, Horst Lenz und Hans-Henning Schultes, die mir bis zum heutigen Tag mit Informationen, Strategien und Fachwissen etc. zur Seite stehen.

Ein besonderer Dank gilt Frau **Dr. Lina Schröder**.

Ihre Dissertation von 2017, „**Der Rhein-(Maas-)Schelde-Kanal als geplante Infrastrukturzelle von 1946 bis 1986**", hat unserem Projekt-Vorschlag eines „**Teilstromkanals Niederrhein-Maas-Schelde**" im Antrag zum **Bundesverkehrswegeplan 2030** eine „*Geschichte*" gegeben.

Sie hat unsere Aktivität gewürdigt, indem sie das von uns angeregte Projekt mit den folgenden Worten in ihrer Einleitung zitiert und damit auf seinen nach wie vor aktiven Verfechterkreis hingewiesen hat:

„Zur Schließung einer Infrastrukturlücke durch ein integriertes Projekt zu unseren westlichen Nachbarn, zum Schutz von Umwelt und Klima, zur Daseinsvorsorge und Versorgungssicherheit einhergehend mit einem hohen gesamtwirtschaftlichen Nutzen. Die hohe volkswirtschaftliche Bedeutung des Projektes ist unbestritten.
Es bedarf politischer Verantwortung und Mut zur Durchführung."

Anerkennung

Wir setzen uns seit langem für den Schutz unseres rheinischen Lebensraums ein und freuen uns über die breite Zustimmung, die wir von verschiedenen wissenschaftlichen und politischen Einrichtungen erhalten haben. Sie teilen unsere Sorgen und Vorstellungen über die Folgen des Bergbaus, insbesondere für die Trinkwasserqualität.

Unser Hauptziel ist die Wiedernutzbarmachung des Rheinischen Reviers nach dem Braunkohleausstieg 2030. Dabei ist uns die Schaffung eines natürlichen Wasserwegs wichtig, der die Tagebaue mit Rheinwasser versorgt und das Grundwasser im Niederrhein schützt. Wir danken allen, die uns auf diesem Weg unterstützen und mit uns zusammenarbeiten.

Wir haben erfahren, dass unsere Argumente zum Lebensraumschutz bei Behörden und Politikern Gehör gefunden haben. Wir vermissen jedoch Stellungnahmen zu den Hochwasser- und Stauwasserproblemen, die uns ebenfalls beschäftigen.

Wir bedauern, dass NRW die Initiativen der Städte Aachen, Neuss und Krefeld nicht unterstützt hat und dass es keine Anmeldung zum Bundesverkehrswegeplan 2030 gab. Wir fragen uns, ob unsere Initiative zu spät kam und ob der bayerische Bundesverkehrsminister keinen Bezug zum NRW-Kanal hatte.

Wir haben den Eindruck, dass die Planungen zur wasserwirtschaftlichen Füllung der Tagebaue und zur Wiedervernässung des Sümpfungsgebietes vom Wirtschaftsministerium zurückgestellt wurden. Wir hoffen, dass sich das bald ändert.

RWE-Vorstandsvorsitzender Herr **Dr. Frank Weigand** schreibt uns am 26.10.2020

Wasserstraße Rhein-Maas

Sehr geehrter Herr Feldmann,
sehr geehrte Damen und Herren,

vielen Dank für Schreiben vom 29.09.2020, in dem Sie um weitere Verbündete für Ihre Vision von einer Wasserstraße vom Rhein zur Maas werben.

Es ist auch für mich eine durchaus interessante und nachvollziehbare Vorstellung, man würde einen Kanal vom Rhein zur Maas anlegen und damit eine wiederholt aufgeworfene und wiederholt zu den Akten gelegte Idee umsetzen. Die meisten großen Infrastrukturprojekte, seien es Fernstraßen, Flughäfen oder eben Schifffahrtskanäle, haben schon vor Baubeginn einen jahrzehntelangen Vorlauf. Sie würden ohne die kontinuierliche Unterstützung durch engagierte, ausdauernde Sprecher aus Öffentlichkeit und Politik wohl nicht zustande kommen. In diesem Sinne mein Respekt für Ihr beharrliches Verfolgen der Idee vom Rhein-Maas-Kanal!

Ich kann ebenso gut verstehen, dass Sie Synergien mit dem absehbar auslaufenden rheinischen Braunkohlenbergbau und seiner Verpflichtung zur Wiedernutzbarmachung suchen. So fragen Sie sich zu Recht, ob sich aus der Notwendigkeit, Wasser vom Rhein für die Befüllung der Tagebauseen zu nutzen, nicht ein Vorteil für Ihr Projekt ableiten lässt.

Lieber Herr Feldmann,

21. September 2022

vielen Dank für Ihr freundliches Schreiben vom 1. September 2022. Gerne lesen und hören mein Mann und ich von Ihnen, auch wenn es dieses Mal nun leider ein „Abschied" bedeutet.

25 Jahre haben Sie sich unermüdlich für den Hochwasserschutz am linken Niederrhein eingesetzt. Wahrlich ein geschaffenes Lebenswerk, auf welches Sie mit Stolz blicken dürfen. Zahlreiche Projekte, Studien und Anträge sind Dank Ihres Engagements entstanden. Hoffen wir, dass die Resultate auch zum Schutz der Bürger sich sehen lassen können.

Nun sagen mein Mann und ich herzlichen Dank für die prägende Zeit und wünschen Ihnen weiterhin alles Gute!

Mit freundlichen Grüßen aus
dem Underberg-Stammhaus

Emil u. Cristiane Underberg.

Thomas Kutschaty MdL 21.12.2022:

„Wir haben Ihre Anregungen mit großem Interesse zur Kenntnis genommen. Wir werden diese in der weiteren Diskussion um die Fragen der Wasserwirtschaft in Zeiten des Klimawandels und in den parlamentarischen Initiativen berücksichtigen."

Wie das bürgerschaftliche Engagement begann

In Erinnerung an die Gründung einer
Niederrhein-weiten Bürgerinitiative im Jahr 2000:

„Die Ziele werden künftig gemeinsam verfolgt"

Rheinische Post, **Uwe Plien** 12.05.2000:

Xanten. *„Verkommt der Niederrhein zu einer Spielwiese politi-*
scher und ökonomischer Interessen? Und: Werden Land und
Leute durch einen schwachen Hochwasserschutz als Folge dieser
Entwicklung nicht abzusehenden Gefahren ausgesetzt?"

von ls. nach rs., von u. nach o.: Dolf Stamm, Voerde; Alfred Unterberg, Voerde;
Gerd Gatermann, Ork, Hans-Peter Feldmann, Xanten; Hermann Janßen, Xanten;
Hans-Martin Nolzen, Kleve; Peter Wanders, Kleve; Herbert Dissen, Xanten; Hein-
rich Timpe, Kleve; Klaus Friedrichs (RA), Voerde; Anita van Elsbergen, Kalkar;
Werner Raue, Rheinberg; Hans W. Fürth, Kleve; Friedhelm Szubris, Kleve; Alfons
Henke, Kleve;

Einleitung

(Interpret: Ein nicht genannter Freund)

„Nach einer etwa 30-jährigen Karriere in der Verwaltung und im Stab der Deutsche Steinkohle AG ging Feldmann 1995 in den Ruhestand. Zog es der Autor mit seiner Frau Annegret von Moers nach Xanten, wo sie ein Baugrundstück für eine Doppelhaushälfte erwarben. Nach seiner Pensionierung widmete er sich verstärkt gesellschaftspolitischen Fragen und dem Tagesgeschehen, insbesondere dem Hochwasserschutz in der Region am Niederrhein.

Er setzte sich intensiv mit den organisatorischen und technischen Aspekten des Hochwasserschutzes auseinander und engagierte sich als Sprecher einer örtlichen Bürgerinitiative. Trotz politischer Widerstände blieb er beharrlich bei seinem Einsatz für den Hochwasserschutz.

Mit zunehmender Erkenntnis über die Bedrohungen durch unzureichenden Hochwasserschutz und Klimawandel gründete er den "HochWasserSchutz-Verband Niederrhein e.V.", deren Vorsitzender er bis Mitte 2007 war.

Nach Unstimmigkeiten zog sich Feldmann Mitte 2008 zurück und gründete die HochWasserSchutz-Initiative und Infrastrukturschutz (HWS), eine aktive Bürgerinitiative ohne Vereinsbindung, deren Sprecher er ist. Er setzt sich weiterhin für den Hochwasser- und Infrastrukturschutz am Niederrhein ein und betreibt beharrliche sachliche Öffentlichkeitsarbeit.

Er hinterfragt, ob die mittelalterlichen Strukturen des Hochwasserschutzes am Niederrhein noch zeitgemäß sind und kritisiert die mangelnde staatliche Einflussnahme auf den Hochwasserschutz. Er weist auf das hohe Schadenspotenzial hin, das durch unzureichenden Hochwasserschutz, Bergbaueinflüsse und Klimawandel entsteht.

Feldmann hat über 50 öffentliche Bürgerversammlungen organisiert und hält Vorträge bei verschiedenen Organisationen. Er hat Petitionen an den Landtag NRW und den Bundestag gerichtet, um auf die Defizite beim Hochwasserschutz hinzuweisen.

Er hat ein Konzept zur Absicherung der Siedlungsgebiete, Wirtschaftsstandorte und des Transitverkehrs im Rhein-/Maasgebiet erarbeitet und vorgeschlagen, das Risiko von Extremabflüssen am Niederrhein durch einen schiffbaren Kanal nach Antwerpen zu reduzieren. Eine Reaktion seitens der NRW-Politik dazu blieb bislang aus.

Feldmann erweiterte seine Strategie, indem er die Zusammenhänge zwischen Abflusssicherheit, Daseinsvorsorge und Güterverkehrssicherheit im Ballungsraum erforschte. Er fordert den Ausbau der Wasserverkehrswege und weist auf eine Infrastrukturlücke zu den westlichen Nordseehäfen hin.

Er hat das Thema "Schiffbare Anbindung des Niederrheins an das Belgische Kanalnetz" im Rahmen des Bundesverkehrswegeplans 2030 konkret benannt und sieht die Realisierung einer solchen Wasserstraße zur Entlastung von Schiene und Straßen als dringlicher denn je an.

Feldmann empfiehlt, logistische und ökonomische Zusammenhänge zu erkennen und zu konkretisieren. Er weist auf weltweite logistische Strategien hin, die sich auf die Warendrehscheibe NRW auswirken werden, wie z.B. der 2. Suezkanal, der 2. Panamakanal, die N-S-Achse mit dem Gotthardttunnel und den Ausbau des Antwerpener Hafens.

Seine Vision ist die Schließung der Infrastrukturlücke zu unseren westlichen Nachbarn durch den Anschluss des Niederrheins an das Belgische, Niederländische und Französische Kanalnetz. Er sieht hierin Chancen für ein besseres Zusammenwachsen mit unseren europäischen Nachbarn und die Schaffung von mindestens 100.000 neuen Arbeitsplätzen entlang des Kanalprojektes.

Die Beendigung des Braunkohleabbaus im Rheinischen Revier im Jahr 2030 durch einen Regierungsbeschluss gibt einen entscheidenden Impuls für die alternativlose Zuführung von Rheinwasser. Argumente, dass Rheinwasser auf ewig technisch über eine Rohrleitungstrasse zur Füllung der Tagebaue und zur Wiederversumpfung geleistet werden kann, werden beharrlich bekämpft. In diesem Zusammenhang erhält er die Unterstützung von Frau Dr. Lina Schröder „**Der Rhein-(Maas-)Schelde-Kanal als geplante Infrastrukturzelle von 1946 bis 1986,** Eine Studie zur Infrastruktur- und Netzwerk-Geschichte Nordwesteuropas."
Er hat eine Petition an den Petitionsausschuss des Bundestages gerichtet, in der er eine Machbarkeitsstudie zur Prüfung des vorgeschlagenen Projektes eines "**Schiffbaren Wasserweg vom Niederrhein nach Belgien**" durch eine renommierte Universität fordert.

Feldmann sieht Information als eine Art Bringepflicht an und bringt diese in Form seiner Website www.nr-feldmann.de auch öffentlich zum Ausdruck. Er versteht es, Verantwortungsträger auf Landes-, Bundes- und EU-Ebene sowie Vertreter von Kommunen, Universitäten und Konzernen für seine Vision zu gewinnen.

Er ist davon überzeugt, dass die politische Akzeptanz und die Aufnahme der vorgeschlagenen Anbindung des Niederrheins an das Belgische Kanalnetz im Kosten-Nutzenvergleich innovativ und gewinnbringend sind, sicherheitstechnisch erforderlich ist und den Umweltschutz voranbringen wird. Zudem wird sie für eine Entlastung der Straßen vom Güterverkehr sorgen, was zum Wohle und Frustabbau der PKW/LKW-Fahrer beitragen wird.

Feldmann mit seinem HWS-Team sieht dies als Chance des 21. Jahrhunderts für NRW, Deutschland und für ein weiteres Zusammenwachsen innerhalb der Europäischen Union. Wie die Politik sich positioniert, wird die Zukunft zeigen."

Es wird mittlerweile davon ausgegangen,
dass das Rheinische Revier auf Dauer
auf Rheinwasser-Zufluss angewiesen ist!

Wehe uns Niederrheiner, wenn die Wiedervernässung des
Rheinischen Revieres nicht mit „gutem" Wasser gelingt.
Wie soll dann die Trinkwasserversorgung für
10 Millionen Menschen gesichert werden?

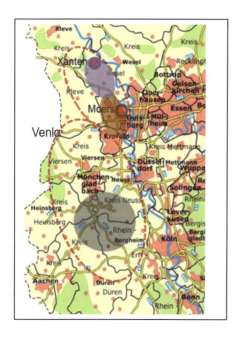

Links-
rheinische
Bergbau- ge-
biete

„Mehr als die

Vergangenheit

interessiert uns

die Zukunft,

denn in ihr

gedenken wir

zu leben."

(Albert Einstein)

Ereignisse/Haltepunkte

Die Geschichte von NRW ist geprägt von Herausforderungen und Chancen, die sich aus seiner Lage an Rhein und Ruhr, seinem industriellen Erbe und seiner Rolle in der europäischen Integration ergeben. Die Menschen in NRW mussten sich mit den Folgen von Bergbau, Hochwasser, Stauwasser, Klimawandel und Strukturwandel auseinandersetzen und suchten stets neue Wege, um ihren Lebensraum zu erhalten, ihre Wirtschaft zu stärken und ihre Identität zu bewahren.

In den letzten Jahren häufen sich Katastrophen-Hochwasser und Warnungen der Klimaexperten vor extremere Rheinabflüsse und Niederschläge aber auch Trockenheit. Der traditionelle Hochwasserschutz mit Deichbau/Deicherhöhung hat die Probleme nicht gelöst und stößt nicht nur an seine technischen Grenzen. Solange der Lebensraumschutz nicht als Pflichtaufgabe verstanden wird ist ständige Vorsicht angesagt. Der ursprünglich potenziell überschwemmungsgefährdete Niederrhein wurde bis zu 25 Meter durch bergbauliche Aktivitäten abgesenkt. Es drohen im s.g. deichgeschützten Hinterland abflusslose Überstauhöhen von über 10 Meter. Bei gleichzeitiger Grundwassernivelierung durch die LINEG.

Um diesem Risiko zu begegnen, wird vorgeschlagen, Extremabflüsse durch eine Teilableitung des Hauptstroms vor den Niederrheinmetropolen zu schaffen. Das Ende der Braunkohleförderung könnte die jahrhundertalte Forderung nach einer Rhein-Maas-Schelde-Wasserstraßenverbindung beflügeln. Ein schiffbarer Wasserweg zu den Benelux-Ländern und Nord-Frankreich würde eine infrastrukturelle Aufwertung der Region nach Braunkohleende bedeuten. Er dient dem Überschwemmungsschutz für Rheinanlieger durch ewiglichen Rheinwasserzuleitung in die Tagebaue und des Sümpfungsgebietes von 5000 km² Größe., Natur- und Umweltschutz, Entflechtung des Güterverkehrs sowie grenzüberschreitende Freizeitchancen. Dies wäre ein schadenverhinderndes-, umwelt-, wirtschafts- und staatspolitisches Novum „bei weitsichtiger Planung" im westlichen Europa.

Hier ist eine Zusammenfassung der Ereignisse und Entwicklungen in NRW:

1993-2025: Salzabbau unter dem Niederrhein mit längerfristigen Umweltauswirkungen auch unter Xanten.

2000-2004: Landes-Studien zur Hochwassergefahr am Niederrhein.

2007-2008: HWS-Initiativen für besseren Hochwasserschutz.

2011: HWS-Konzept zur Absicherung von Siedlungsgebieten und Wirtschaftsstandorten.

2012: NRW-Hochwasseraktionspläne zur Deichsanierung.

2014: Verzicht auf das Nordkanal-Projekt. Maßnahmen vor dem Risikogebiet.

2015: HWS-Antrag zur Verbesserung der schiffbaren Verkehrswege.

2016: Umsetzung der EU-Hochwasserrisikomanagement-Richtlinie und Antrag zum Bundesverkehrswegeplan 2030. Chancen vertan.

2017: Fusion der Deichverbände Orsoy und Poll.

2019-2023: HWS-Antrag auf Machbarkeitsstudie eines multifunktionalen Wasserweges in Bezug u.a. zum Braunkohleende 2030 bei gleichzeitiger (naturnaher) Rheinwasserzuführung.

2023: Einfluss des Klimawandels auf die Hochwasserplanung. Folgen des Meerwasseranstiegs auf das Abflussgeschehen.

2023-2024: Regierungsoffensive zur Einstellung des Salzabbaus unter Risikogebieten.

Resümee aus dieser Zeit:

Gesetze und Richtlinien sind nicht bindend, was ein Risiko für die Demokratie darstellt.

Die Politik scheint nicht in der Lage zu sein, die Situation zu kontrollieren, während Lobbyismus vorherrscht.

Die privilegierte Position des Bergbaus in gefährdeten Lebensräumen ist schädlich, lebensbedrohlich und unsozial.

Es besteht ein Mangel an Interesse an Sicherheitsfragen. Die Aussicht, dass der Niederrhein überflutet wird, wird vom Landtag ignoriert mit der Aussage: "Die Hochwasserschutzinitiative muss sich damit abfinden!"

Fazit: Interessengruppen nutzen diese bedrohliche Situation zum Nachteil der Bewohner und der Infrastruktur. Gemäß der aktuellen Strategie der Landesregierung scheint der Niederrhein dem Untergang geweiht zu sein.

Einflüsse auf den Niederrheinischen Lebensraum

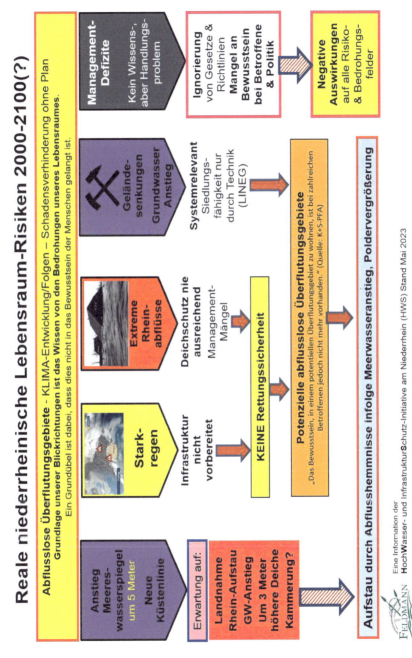

Reale niederrheinische Lebensraum-Risiken 2000-2100(?)

Abflusslose Überflutungsgebiete - KLIMA-Entwicklung/Folgen – Schadensverhinderung ohne Plan
Grundlage unserer Blickrichtungen ist das Wissen von den **Bedrohungen unseres Lebensraumes.**
Ein Grundübel ist dabei, dass dies nicht in das Bewusstsein der Menschen gelangt ist.

Management-Defizite
Kein Wissens-, aber ein Handlungsproblem

Ignorierung von Gesetze & Richtlinien **Mangel an Bewusstsein bei Betroffene & Politik**

Negative Auswirkungen auf alle Risiko- & Bedrohungsfelder

Geländesenkungen Grundwasser Anstieg

Systemrelevant Siedlungsfähigkeit nur durch Technik (LINEG)

Extreme Rheinabflüsse

Deichschutz nie ausreichend Management-Mängel

KEINE Rettungssicherheit

Potenzielle abflusslose Überflutungsgebiete
„Das Bewusstsein, in einem potentiellen Überflutungsgebiet zu wohnen, ist bei zahlreichen Betroffenen jedoch nicht mehr vorhanden." (Quelle: K+S-PFA)

Stark-regen

Infrastruktur nicht vorbereitet

Anstieg Meeresspiegel um 5 Meter Neue Küstenlinie

Erwartung auf:

Landnahme Rhein-Aufstau GW-Anstieg Um 3 Meter höhere Deiche Kammerung?

Aufstau durch Abflusshemmnisse infolge Meerwasseranstieg, Poldervergrößerung

Eine Information der
HochWasser- und InfrastrukturSchutz-Initiative am Niederrhein (HWS) Stand Mai 2023

FELDMANN

Systemmängel

Stellungnahme der Fachabteilung über die Ergebnisse und Konsequenzen aus den kürzlich erfahrenen Hochwasserlagen am Rhein:

Dezernat 54
Vorflut/Verbände   **Düsseldorf, 15. Mai 1996**

Betr   Organisation des Hochwasserschutzes am Niederrhein

1   Sachverhalt
Bau, Unterhaltung und Verteidigung der Rheindeiche sind bisher heterogen organisiert, sei es durch Kommunen, Deichverbände mit dinglicher Mitgliedschaft oder Deichverbände mit korporativer Mitgliedschaft. Dabei dominieren im Ballungsgebiet zwischen der Grenze zur Bezirksregierung Köln und der nördlichen Stadtgrenze Duisburg Kommunen und Verbände mit kommunaler Mitgliedschaft ohne Kosten für die begünstigten Bürger, stromab Verbände mit dinglicher Mitgliedschaft mit Kostenumlegung, aber auch ohne Rücklagen. Ca. 150 km Rheindeiche sind sanierungsbedürftig. Das Land finanziert Deichbauten und -sanierungen mit bis zu 80%.

2   Wichtigste Schwachstellen
2.   Die Träger sind fast durchweg zu kleinräumig geschnitten und mit Deichsanierungen fachlich überfordert. So sind von den sanierungsbedürftigen Strecken erst ca. 15 km fertiggstellt bzw. im Bau. Auch bei Unterhaltung und Deichverteidigung zeigen z.T. sich erhebliche und nicht hinnehmbare Schwächen.
2.2   Die Sanierungen können derzeit nicht nach Prioritäten gesteuert werden, da die BezReg als Planfestestellungsbehörde auf die entspr. Anträge der unterschiedlich leistungsfähigen und engagierten Träger angewiesen ist.
2.3   Nur im stromab gelegenen Teil des Regierungsbezirks werden die Kosten durch Umlagen von den betr. Bürgern gedeckt. Bei Erhebung kostendeckender Beiträge gibt es hohe und wachsende Akzeptanzprobleme.
2.4   Das Land hat nur über Gewährung von Zuwendungen Einfluß auf die Willensbildung bei den Trägern. Das Instrumentarium der Verbandsaufsicht ist demgegenüber als reine Rechtsaufsicht stumpf.

Zusammenfassend haben wir es mit einer Gemengelage einer zersplitterten, uneinheitlichen, konfliktträchtigen, schwer steuerbaren und fachlich überforderten Struktur bei unsolider Finanzierungsgrundlage und geringem Einfluß des Landes einerseits, dem in der Öffentlichkeit herrschenden Bild der Verantwortung der Kommunen und des Landes andererseits, zu tun. Ohne eine durchgreifende und zügige Reform wird sich ein effektiver HW-Schutz nicht sicherstellen lassen, im Versagensfall stünden Kommunen und Land unabhängig von der Sach- und Rechtslage in der politischen Verantwortung.

Die künftige Organisation muß demgegenüber dem Ziel einer professionellen, nach Prioritäten gesteuerten und die Belange der Stadtentwicklung und der Landesplanung wahrenden Sicherung der Deiche dienen. Eine finanzielle Mehrbelastung von Kommunen und Land kommt nicht in Betracht.

3   Reformvorschlag: Deichverband Niederrhein

3.1   Struktur
3.1   Alle kreisfreien Städte und Kreise im Rheinpolder sind Mitglieder, mithin: Städte Düsseldorf, Krefeld, Duisburg, Kreise Mettmann, Neuss, Wesel, Kleve.
3.1.2   Der Maßstab der Beitragserhebung für die Mitgliedskommunen bzw. -verbände ist die

Summe der (Ersatz-) Einheitswerte der jeweiligen Polderflächen. Die Refinanzierung der Kreise erfolgt über differenzierte Kreisumlage nach dieser Maßgabe.

3.1.3 Die Beiträge werden von den Rheinpoldergemeinden mit einer entsprechenden gesetzlichen Ermächtigung überwälzt.

3.1.4 Diese Abgaben ermöglichen den Kommunen maximalen Entscheidungsspielraum. Die Gemeinden können selbst entscheiden, ob sie alle Bürger oder nur die Vorteilhabenden im Polder belasten.

3.1.5 Der Bergbau als Verantwortlicher für die bergsenkungsbedingten Deichaufhöhungen im Raum Wesel - Duisburg ist hinzuzuziehen.

3.1.6 Gründung durch Sondergesetz.

3.1.7 Das Gesetz regelt auch die Beitragsmodalitäten.

3.1.8 Aufgaben: Bau, Sanierung, Unterhaltung der Rheindeiche. Maßnahmen sollen soweit wie möglich durch Externe durchgeführt werden.

3.1.9 Mitgliedschaft des Landes mit einem Teil der Beiträge und Stimmen, refinanziert durch Umschichtung der bisher geleisteten Zuwendungen.

3.1.10 Der Verbandsausschuß wird besetzt mit je einem Vertreter der beteiligten kommunalen Körperschaften = 12 Stimmen, 2 Stimmen Bergbau und 9 Stimmen Land NW.

3.1.11 Der Vorstand besteht aus 2 Vertretern der Kommunen, 1 Bergbau, 2 Land.

3.2 Der Finanzbedarf setzt sich zusammen aus

3.2.1 Unterhaltungsaufwand (ca. 2 Mio DM/Jahr)

3.2.2 Personal- und Verwaltungsaufwand (ca. 4 Mio DM/Jahr)

3.2.3 Finanzierung Bau- und Sanierungsmaßnahmen (ca. 20 Mio DM/Jahr bis 2015).

3.3 **Beitragsbedarf** in der Summe 26 Mio/DM/Jahr, davon Land 50 % = 13 Mio, Bergbau 10 % = 2,6 Mio, Kommunen 40% = 10,4 Mio. Für Kommunen und Bergbau als Vertreter der Vorteilhabenden vor Ort damit nicht mehr Bedarf als bei den bisher igen Deichpflichtigen.

4 **Vorteile des Deichverbands Niederrhein**

4. Das erforderliche Fachwissen kann vorgehalten werden und käme unmittelbar den Bauaufgaben zugute.

4.2 Keine höheren Kosten als bisher.

4.3 Keine überzogenen Lösungen, da dem Träger alle Kosten angelastet werden.

4.4 Die Abgaben könnten ohne überzogenen Aufwand erhoben werden.

4.5 Zersplitterte und heterogene Interessen in den Verbandsorganen werden gebündelt werden durch Mitgliedschaft der Kreise.
Die Verzahnung mit kommunalen Belangen, z.B. Städtebau und Denkmalschutz, ist gewährleistet.

5 Die **Umsetzung** soll erfolgen durch Sondergesetz mit Übergangsregeln insb. für diejenigen Deichpflichtigen, die ihre Sanierungsaufgaben bei Inkrafttreten bereits erfüllt haben.

Gez. Brünig

Kopie des Berichtes des NRW-Umweltministeriums vom 24.10.2004 an den Landtagspräsidenten

Anlage

H. Peter Feldmann
Zur Wassermühle 45
46509 Xanten

Ministerium für Umwelt und Naturschutz, Landwirtschaft und Verbraucherschutz des Landes Nordrhein-Westfalen

Die Ministerin

16.11.04
HSV-N

Ministerium für Umwelt und Naturschutz, Landwirtschaft und Verbraucherschutz NRW 40190 Düsseldorf

An den
Präsidenten des Landtags NRW
Platz des Landtags 1

40221 Düsseldorf

Dienstgebäude und Lieferanschrift:
Schwannstraße 3, 40476 Düsseldorf
Telefon   (02 11) 45 66 - 0
Telefax   (02 11) 45 66 – 491
e-mail   poststelle@munlv.nrw.de
Datum   *2 4* . Oktober 2004
Aktenzeichen (bei Antwort bitte angeben)
IV – 10 - 4290
Bearbeitung: Kolf
Durchwahl   (02 11) 45 66 – 318

Infoservice MUNLV
e-mail   infoservice@munlv.nrw.de
Telefon   (02 11) 45 66 - 666
Telefax   (02 11) 45 66 –388

Nachhaltiger Hochwasserschutz
Studie "Grenzüberschreitende Auswirkungen von extremem Hochwasser am Niederrhein"

Sehr geehrter Herr Präsident,

unter dem Eindruck der vielen extremen Hochwasserereignisse der 90er Jahre, hat die deutsch-niederländische Arbeitsgruppe "Hochwasser" im Herbst 2001 die Studie "Grenzüberschreitende Auswirkungen von extremem Hochwasser am Niederrhein" in Auftrag gegeben. In der Studie sollten folgende Kernfragen geklärt werden:

- Wie viel Abfluss kann unter extremen Bedingungen aus dem Einzugsgebiet des Rheins am Niederrhein erwartet werden?
- Wie viel Abfluss kann zwischen den Deichen am Niederrhein und in den Rheinzweigen abgeführt werden, welche Deichbereiche sind besonders gefährdet, überströmt zu werden und wie wirkt sich das auf die Abflusswelle aus?
- Was geschieht, wenn der Abfluss nicht zwischen den Deichen abgeführt werden kann, welche Gebiete werden zuerst überflutet und sind grenzüberschreitende Überflutungen möglich?
- Welche Auswirkungen haben hochwasserreduzierende Maßnahmen?

Bei den Berechnungen ist die jeweilige Situation des Hochwasserschutzes am Rhein zu Beginn der Studie (2002) und nach Umsetzung des "Konzeptes für einen vorbeugenden Hochwasserschutz in NRW" (2020) berücksichtigt worden. Mögliche Auswirkungen der Klimaänderung wurden qualitativ berücksichtigt.

Die wichtigsten Ergebnisse können folgendermaßen zusammengefasst werden:

- Im Rheineinzugsgebiet können so extreme Niederschlagssituationen auftreten, dass das derzeitige Bemessungshochwasser sowohl am Ober- als auch am südlichen Niederrhein wesentlich überschritten wird. In solchen Fällen könnte es am Oberrhein und am südlichen Niederrhein zwischen Königswinter und Krefeld zu Überflutungen mit Deichversagen kommen. Solche Abflüsse treten allerdings äußerst selten auf. Die Eintrittswahrscheinlichkeit ist kleiner als 0,1 %.
- Wenn es zu Überflutungen am Ober- und südlichen Niederrhein kommt, führt das zu einer deutlichen Senkung der Hochwasserscheitel, so dass am Pegel Lobith max. 16.000 m³/s ankommen können. Gegen solche Abflüsse ist der nördliche Niederrhein etwa ab der Einmündung der Ruhr gesichert, wenn kein Deichversagen eintritt. Allerdings wird dort das Freibord in erheblichem Umfang in Anspruch genommen.
- Durch eine Optimierung der geplanten Rückhaltemaßnahmen in NRW und in den NL, können Wasserstandssenkungen bis zu 40 cm an der Grenze und im Raum Bislich/Lohrwardt erreicht werden. Die Wasserstandsenkung ist noch ca. 50 km stromauf festzustellen.

BHQ2004 mit 14.800 m³/s

In der Studie wird u. a. aufgezeigt was passiert, wenn das derzeit festgesetzte Hochwasser zur Bemessung der Schutzanlagen (Bemessungshochwasser) wesentlich überschritten wird, wo Schwachstellen im Hochwasserschutzsystem sind, welche Gebiete in welcher zeitlichen Abfolge bei einem Deichversagen einlaufen und welche Straßen und Fluchtwege frei bleiben.

Die Ergebnisse der Studie werden in Nordrhein-Westfalen nicht zu einer generellen Deicherhöhung führen. Das wäre gerade am südlichen Niederrhein weder aus finanziellen noch aus ökologischen und sozialen Gründen möglich. Solche Maßnahmen würden z. B. in Bonn und Köln nicht akzeptiert und wegen der dicht an den Fluss herangerückten Bebauung die Grenzen des technisch Machbaren überschreiten.

Ein solches Vorgehen ist auch nicht erforderlich, da der Hochwasserschutzgrad am Niederrhein sowohl im nationalen als auch im internationalen Vergleich ein hohes Schutzniveau bietet, das dem vorhandenen Schadenspotential angemessen ist.

Stattdessen sollen Strategien entwickelt werden, wie so extrem seltenen ¹⁾ Abflussereignissen begegnet werden kann. Es soll Vorsorge durch eine zielgerichtete und differenzierte Hochwassermanagementplanung getroffen werden. Die Studie hat dafür eine weitere Grundlagen geschaffen. x/

In der Anlage übersende ich die Studie "Grenzüberschreitende Auswirkungen von extremem Hochwasser am Niederrhein" zur gfl. Kenntnis.

Mit freundlichen Grüßen

(Bärbel Höhn)

1) *Vorsorgenheits bezogene Aussage!*

Also: „ … eine generelle Deicherhöhung ist aus finanziellen, noch aus ökologischen und sozialen Gründen möglich. Das bestehende Schutzpotenzial ist dem vorhandenem Schadenspotenzial angemessen."

Fazit: 1,5 Millionen Menschen sind betroffen, ein Schadenspotenzial von 200 Mrd. Euro sind also Peanuts für die Landesregierung von 2004!

Einfluss auf den Lebensraum,
zwei Hauptthemen die uns bewegen:

1. **Vorsorge** bezieht sich auf Maßnahmen, die im Voraus ergriffen werden, um potenzielle Probleme oder Risiken zu vermeiden. In Bezug auf die Renaturierung von Bergbauflächen könnte dies bedeuten, dass bereits bei der Planung des Bergbaus Strategien für die spätere Wiederherstellung der Landschaft entwickelt werden. Beim Deichbau könnte dies bedeuten, dass Deiche so konstruiert werden, dass sie auch extremen Wetterereignissen standhalten können. Im Bereich des Wassermanagements könnte Vorsorge bedeuten, dass Systeme zur Kontrolle der Wasserqualität und zur Verhinderung von Kontaminationen eingerichtet werden.

2. **Schadensverhinderung** bezieht sich auf Maßnahmen, die ergriffen werden, um Schäden zu verhindern, die durch bereits eingetretene oder unvermeidliche Ereignisse verursacht werden könnten. Im Kontext der Renaturierung könnte dies bedeuten, dass Maßnahmen ergriffen werden, um die Ausbreitung von Schadstoffen aus Bergbauabfällen zu verhindern. Beim Deichbau könnte dies bedeuten, dass regelmäßige Inspektionen und Wartungsarbeiten durchgeführt werden, um sicherzustellen, dass der Deich intakt bleibt und seine Funktion erfüllt. Im Bereich des Wassermanagements könnte Schadensverhinderung bedeuten, dass bei einer Kontamination sofort Gegenmaßnahmen ergriffen werden, um die Ausbreitung der Kontamination zu stoppen und das kontaminierte Wasser zu reinigen.

Es ist wichtig zu betonen, dass Vorsorge und Schadensverhinderung Hand in Hand gehen müssen. Beide sind notwendig, um nachhaltige Lösungen für die Herausforderungen in den folgend genannten Sachthemen Sie finden. Es ist auch wichtig zu betonen, dass diese Maßnahmen nicht isoliert betrachtet werden sollten. Sie sind alle Teile eines größeren Systems und beeinflussen sich gegenseitig.

Seit dem Start unserer Bürgerinitiative im Jahr 2000 hat sich das Bedrohungspotenzial sowie die Sicherheitslücken für Bewohner und Infrastruktur am Niederrhein deutlich erhöht.

Unser Gebiet ist nicht nur durch Rheinhochwasser und Missmanagement bedroht. Das Risiko von Starkregen und der fehlende Abfluss von Stauwasser entlang deichgeschützter Gebiete wurde bisher übersehen.

Gesetze und Richtlinien zur Sicherheit sind nach wie vor keine verpflichtenden Aufgaben, die Behörden und Deichverbände offenlegen müssen.

Politik und Behörden vernachlässigen die Bedürfnisse der Bewohner nach Sicherheit in (vom Bergbau betroffenen) abflusslosen und „deichgeschützten" Lebensraum.

Es fehlt an Maßnahmen, um das Bewusstsein der Betroffenen für die Gefahren wachzuhalten.

NRW-Staatskanzlei vom 19.07.2012

So sieht die Landesregierung ihre nach dem Grundgesetz obliegende Pflicht zur Daseinsvorsorge. Klarer kann die „Wertschätzung" der anvertrauten Bürger nicht sein! Hier lesen Sie die Antwort auf unser Schreiben:

Sehr geehrter Herr Feldmann,

wiederholt haben Sie Frau Ministerpräsidentin Kraft angeschrieben, um für Ihr Anliegen des Hochwasserschutzes am Niederrhein zu werben. Wiederholt haben Ihnen das zuständige Ministerium für Klimaschutz, Umwelt, Landwirtschaft, Natur- und Verbraucherschutz sowie die Staatskanzlei erläutert, dass - und auch aus welchen Gründen - sich die Landesregierung Ihre Vorschläge nicht zu eigen macht.

Dass Sie bei einem für Sie relevanten Problem Ihrer Sicht auf die Dinge einen absoluten Vorrang einräumen, ist nachvollziehbar. Die Landesregierung kann diese Perspektive des Betroffenen jedoch nicht einfach übernehmen. Sie muss einen legitimen Belang im Kontext ggf. konfligierender ökologischer, ökonomischer oder sozialer Belange beurteilen und über Maßnahmen entscheiden.

Die Landesregierung betreibt vorsorgenden Hochwasserschutz - auch wenn das nicht in der Weise geschieht, die Sie persönlich für richtig halten. Bitte haben Sie nach vielen Jahren des Schriftverkehrs Verständnis für meine Empfehlung, sich mit dieser Sachlage abzufinden.

Soweit sich keine deutlichen neuen Anknüpfungspunkte in der Sache ergeben, kann ich Ihnen eine Antwort auf weitere Briefe und Mails nicht in Aussicht stellen.

Mit freundlichen Grüßen
Im Auftrag

Roman Bobik

„Kritik: Hochwasserschutz am Niederrhein ist unprofessionell

NRZ vom 01.04.2023 Susanne Zimmermann, *Foto NRZ*

Kreis Wesel. *Bergsenkungen und ein ehrenamtlich organisierter Hochwasserschutz am Niederrhein: Warum eine Bürgerinitiative Mensch und Region in Gefahr sieht.*

Ganze 70 Kilometer Deiche gibt es im Kreis Wesel, nicht nur entlang des Rheins, der Issel und der Lippe. „Ohne Deiche wäre eine Besiedlung des Niederrheins nicht möglich", ist auf der Seite des Deichverbands Mehrum nachzulesen. Hans-Peter Feldmann von der Initiative Hochwasser- und Infrastrukturschutz am Niederrhein sieht eben diese Besiedlung als hochgradig gefährdet an: durch wirtschaftliche Interessen, die via Bergbaugesetz über den Sicherheitsinteressen der Menschen stehen, ganz legal. Aber auch durch die Tatsache, dass Hochwasserschutz keine staatliche Aufgabe ist.

Hans-Peter Feldmann und der Landwirt Hans-Henning Schultes mit einer Karte, wo das Wasser im Fall der Fälle stehen würde.

*Im Kreis Wesel gebe es auch keinen Hinweis auf **Fluchtwege**. Auf Anfrage dazu teilt der Kreis mit, dass für alles rund um den Hochwasserschutz die Deichverbände und deren Aufsichtsbehörden zuständig seien. Für Evakuierungsplanungen seien aber die Rheinanliegerkommunen zuständig. Für Feldmann ist die pure Theorie: „Der **Sanierungsüberhang** widerlegt die einschlägigen Richtlinien und Gesetze", sagt er. Im Ergebnis steht ein Flickenteppich.*

Hochwassermanagement, *das betrifft beide Rheinseiten, liegt in der Verantwortung der Deichverbände, nicht alle haben hauptamtliche Mitarbeitende: Deichgräfe, als Vorstand der Deichstuhl und der Erbentag als Parlament. Es ist keine staatliche Aufgabe, Grundstücke und Anlagen vor Hochwasser zu schützen, Deiche und Hochwasserschutzanlagen zu bauen, zu sanieren, zu unterhalten und zu verteidigen. Es ist eine schwere Verantwortung für Laien.*

„Heute sind die Deichverbände Bittsteller, um ihre Aufgabe zeitgemäß zu erfüllen zu können. Die Öffentlichkeit wird im Unklaren über den Zustand des Hochwasserschutzes gelassen. Ja, ein **Deich-TÜV** wird abgelehnt. Dem Staat ist die Lebensraumsicherheit von mehr als 500.000 Menschen nicht von elementarer Bedeutung", kritisiert Feldmann. Das müssten die Menschen im Kreis Wesel und am Niederrhein verstehen. Er und seine Mitstreiter fordern, das Hochwassermanagement zu professionalisieren, in die Hand des Staates zu legen. Bislang stoßen sie damit auf taube Ohren bei den Verantwortlichen.

Versicherung gegen Elementarschäden: Wo bleibt das Verursacher-prinzip?

Bergsenkungen durch den Untertagebau im Linksrheinischen und ein Hochwasserschutzmanagement für den gesamten Kreis Wesel, das aus dem Mittelalter stammt und sich auf das Ehrenamt stützt, gefährdeten den Lebensraum am Niederrhein. Seit 25 Jahren werden Feldmann und seine Mitstreiter nicht müde, um mehr Sicherheit zu kämpfen, scheitern aber an Behörden und Politik. Nachdem auch ihre jüngste Petition an Landtag und Bundestag abgelehnt worden ist, mag Feldmann nicht mehr weitermachen, „ich kann die Köpfe der Menschen nicht erreichen".

„Wann wird am Niederrhein jemand wach?", fragt auch Landwirt Hans-Henning Schultes aus Alpen. „Es gibt so viel Wissen über die Risiken, aber es folgt kein Handeln daraus." Daran habe auch die Hochwasserkatastrophe an der Ahr nichts geändert. Dass jetzt eine Pflichtversicherung gegen Elementarschäden geplant ist, empfinden beide als Hohn. „Zuständig für den Schutz von Menschen, Tier und Infrastruktur müssten doch die Verursacher sein", sagt Feldmann. Die aber machen Gewinn, für die Schäden sollen die Bürger aufkommen. „Das ist legal. Aber das **Bergrecht gefährdet Lebensraum**. Insbesondere am potenziell überschwemmungsgefährdeten, abflusslosen und tiefergelegten Niederrhein. Eine lebensbedrohliche Besonderheit in Deutschland", sagt Feldmann. Für ihn ist der Gesetzgeber am Zuge, und das seit Jahren schon.

Diverse Zuständigkeiten sorgen für einen Flickenteppich der Kompetenzen

Bergsenkungen von bis zu 25 Meter in Kombination mit dem Klimawandel, mehr und mehr Starkregen und steigende Rheinpegel, diese Risiken seien kaum noch berechenbar. Zumal die Deiche einerseits nicht hoch genug seien, andererseits aber gegen das abgesenkte Bergbaugebiet als **Staumauern** wirkten: Natürliche Abflussmöglichkeiten gibt es nicht. „Der **Katastrophenschutz** ist außerstande, die betroffenen Menschen, Hab und Gut, *den Tierbestand aus überschwemmten Gebieten retten zu können und man solle sich damit abfinden," heißt es in der Begründung zur nun abgelehnten Petition."*

Unsere Themen

Einleitend ein Versuch, den der Autor zur Diskussion stellt:
„Angesichts der zunehmenden globalen Herausforderungen, die unsere Lebensräume und natürlichen Ressourcen bedrohen, fordern wir dringend, dass der Schutz und die Sicherheit von Menschen, Lebensräumen, Schutzeinrichtungen, Infrastrukturen und insbesondere Wasserressourcen zur obersten Priorität in der Gesetzgebung und den Richtlinien unserer Behörden und Politiker gemacht werden.

Wir glauben, dass es unsere kollektive Verantwortung ist, die natürliche Welt zu schützen und zu bewahren, auf der unser Überleben und Wohlergehen beruht. Daher muss jeder Aspekt unserer Gesellschaft - von der Bildung über die Wirtschaft bis hin zur Politik - diesen Grundsatz widerspiegeln und danach handeln.

Wir fordern daher alle relevanten Akteure auf, sich dieser dringenden Aufgabe zu widmen und sicherzustellen, dass unsere Gesetze und Richtlinien den Schutz unserer wertvollen Ressourcen und Lebensräume in den Vordergrund stellen. Nur so können wir eine nachhaltige Zukunft für uns alle gewährleisten."

Vorsorge zur Schadensverhinderung
Es besteht ein dringender Bedarf an Vorsorgemaßnahmen zur Verhinderung von Schäden in dieser Region.

Dazu gehören infrastrukturelle Verbesserungen, wie ständig aktueller Sicherheitsstandard der Hochwasserschutzanlagen und der Entwässerungssysteme. Insbesondere dass Stauwasser sich NICHT in Senkungsmulden und vor den Deichen sich bildet. Darüber hinaus sind Aufklärungs- und Sensibilisierungskampagnen erforderlich, um das Bewusstsein für die Risiken zu schärfen und die Bevölkerung auf den Umgang mit solchen Situationen vorzubereiten. **Es scheint wenig Sinn**

Unsere dringendste Aufgabe ist es, die **Entstehung von Stauwasser** zu verhindern oder zumindest Möglichkeiten für dessen Abfluss zu schaffen. Andernfalls droht uns eine reale Gefahr mit:

Tausende Flutopfer und Totalschäden

zu machen, Argumente für den Erhalt der Schutzgüter vorzubringen, wenn die politische Elite nicht in der Lage ist, im Rahmen der Wasserschutzgesetze, das Bundesberggesetz (speziell für den Niederrhein) zu ändern.

Bewusstsein zum persönlichen Risiko
Das Bewusstsein für das persönliche Risiko ist ein wichtiger Faktor bei der Vorbereitung auf extreme Wetterereignisse. Menschen, die das Risiko ignorieren, erhöhen das Schadenspotenzial für sich selbst und ihre Gemeinschaft. Es ist wichtig, dass jeder Einzelne versteht, dass er Teil der Lösung sein kann und muss.

Rettung/Flucht aus eingestautem Senkungsmulden

Im Falle einer Katastrophe ist es wichtig, einen Notfallplan zu haben. Dieser sollte Informationen darüber enthalten, wie man sich in Sicherheit bringt, wenn man sich in einer eingestauten Senkungsmulde befindet. Dazu gehören Fluchtrouten, Sammelpunkte und Kommunikationspläne. **Die jeden Bewohner bekannt und ständig präsent sein müssen.**

Zusammenfassend lässt sich sagen, dass die Bewältigung plötzlich auftretender extremer Wetterlagen eine gemeinschaftliche Anstrengung erfordert. Durch Vorsorge, Bewusstseinsbildung und Notfallplanung kann das Risiko gemindert und besser auf diese Ereignisse vorbereitet sein.

Von der Politik erwarten wir Entschlossenheit und Mut zu Taten.

Ausblick und Resümee

Um was es uns geht:

Extremhochwasser darf den Niederrhein nicht erreichen!

Gerinneentlastung als integrierte Chance zur überregionalen Braunkohle-Tagebaufolgenutzung für ein vernetztes grenzüberschreitendes Infrastrukturgebiet nutzen. Um beizutragen, den Niederrhein und die Grenzregion zukunftsfähig zu machen.

Strategische und infrastrukturelle Ansätze:

Es mangelt an integrierten Infrastruktur-Visionen zum Braunkohle-Förderende in der Rheinischen Bucht ab 2030 (?).

Ziele: Zukunftsfähige Jobs durch den Anschluss an die **Belgischen Wasserstraßen** zur Kapazitätsentlastung von Schiene und Straßen, Hinterlandanbindung zum Hochseehafen Antwerpen, zentraler **Frachtflughafen** für die Metropole Köln-Düsseldorf.

Zur Stärkung vernetzter europäischer Wirtschaftskontakte und Mobilität etc. bietet sich ein länderverbindender Wasserweg,

a) zur zügigen Auffüllung der Tagebaue mit Rheinwasser und

b) zur Überwindung jahrhundertalter Abschottungen zum westlichen Ausland geradezu an.

Gerinneentlastung zum Daseinsschutz der Niederrheinmetropole. Lösung der wasserwirtschaftlichen Fragen u.a. zum Grundwasserschutz, Grundwasseranstieg und Überschwemmungsschutz. Freizeitgestaltungsraum infolge der **Wasserstraßenvernetzung** zu unseren westlichen Nachbarn.

Verweigerung des Staates bei der Zuständigkeit für den Lebensraumschutz am überschwemmungsgefährdeten bergbaubetroffenen und abflusslosen Niederrhein. Allgemein formulierte **Richtlinien zur Vorsorge** zur Schadensverhinderung reichen nicht, wenn sie nicht als Pflichtaufgabe verantwortlich gesehen werden.

Die Verweigerung eines Status „**Kritische Infrastruktur**" für den überschwemmungsgefährdeten bergbaubetroffenen linken Niederrhein. Die Risiken am Niederrhein übersteigen bei weitem die bisherigen Strategien zur Versorgungssicherheit beim Thema „**Wasser**".

Ein wirtschaftsstarkes und umweltgerechtes soziales Europa kann nur durch einen ganzheitlichen Ansatz entwickelt werden, die der zunehmenden Vernetzung von technischen, materiellen, sozialen, hydraulischen, umweltrelevanten und logistischen Infrastrukturen Rechnung trägt. Lobbyismus behindert Staatsziele. die Verletzlichkeit der am Niederrhein ansässigen Unternehmungen und Siedlungen und der vernetzten Infrastrukturen unterliegen einem Hochwasser-, Bergbau- und Klimarisiko. Das Risiko ist signifikant. Die Studie von 2000 beziffert einen potenziellen Schaden mit rd. 200 Mrd. Euro.

Mangelhafte Wartung und Pflege verursachen umfängliche Nutzungseinschränkungen der Verkehrssysteme. Verringern die Versorgungssicherheit, binden unnötige Kapazitäten, erhöhen den Energieverbrauch sowie die Umweltbelastung an Schadstoffen und Lärm. Ein vermeidbarer Negativposten zum Klimaschutz.

Der **Informationsrückhalt** von Risiken für unser Gemeinwesen hat Methode. Notflutungsgebiet, bergbaugeprägte Topografie mit Überstaupotenzial, Schutz und Sicherungseinrichtungen sind immer „in Ordnung" trotz permanenten Sanierungsüberhang und Managementdefizite. Sowie **Informationsrückhalte**.

Das **Bergrecht** regelt nicht die **Ewigkeitsfolgen** der Rohstoffgewinnung auf die betreffende Topografie, die Wasserwirtschaft, die Infrastruktur und die Wertminderung des Eigentums. Unverantwortlich ist der **Untertagebergbau** unter potenziellen **Überflutungsgebieten**, seinen Hochwasserschutzeinrichtungen sowie Einwirkungen auf die Grundwasserqualität.

Ein Lehrstuhl für **Infrastrukturgeschichte** fehlt an deutschen Hochschulen, um der zunehmenden Vernetzung einzelner Infrastrukturen Herr zu werden.

Fehlendes politisches Engagement erhöht den Einfluss fremder Mächte auf die deutsche und europäische Wirtschaft und der vernetzten Infrastruktur.

Egal worüber wir sprechen,

egal womit unser politisches Engagement zu tun hat, bei (fast) allem geht es um den Schutz, den Bestand und die Sicherheit unseres Lebensraumes. Seit mehr als 100 Jahren wird über die Folgen des Untertagebergbaus durch Absenkung eines potenziellen Überflutungsgebietes und über dem zu Tage tretenden Grundwasser über das reale Lebensraumrisiko unserer niederrheinischen Heimat diskutiert und argumentiert.

Viele der Studien, Argumente und Ausblicke von Fachleuten hätten eigentlich den Akteuren die Augen öffnen müssen, denn sie sprechen den Verstand an und wären über die Jahre hilfreich gewesen sicherheitstechnische Belange zu verändern, wenn Ihre Argumente bei der Politik und den Behörden Anklang gefunden hätten.

Es ist wichtig zu beachten, dass die Sicherheit und das Wohlergehen der Gesellschaft in einem bergbaubetroffenen und abflusslosen Senkungsgebiet nicht selbstverständlich sind. Es erfordert umfassende Planung, Überwachung und Management, um sicherzustellen, dass alles gut und sicher bleibt.

Die wasserwirtschaftlichen Belange nach dem Ende des Braunkohleabbaus sind eine Herausforderung an die Verantwortlichen. Es ist jedoch möglich, diese zu überwinden, wenn geeignete Maßnahmen ergriffen werden. Der technische Wassertransport zur Füllung/Pflege der Tagebau-Mulden kann eine Lösung sein, obwohl er als nachhaltig schlechte Maßnahme angesehen werden kann.

Es ist unerlässlich, langfristige Entwicklungen wie den Klimawandel nicht zu unterschätzen. Die Geschichte hat gezeigt, dass das Ignorieren solcher Entwicklungen verheerende Folgen haben kann. Daher ist es wichtig, diese Aspekte in die Planung und das Management von bergbaubetroffenen und abflusslosen Senkungsgebieten einzubeziehen.

Einfluss auf den Lebensraum Niederrhein

Was der deichgeschützten abflusslosen, bergbaubetroffenen Nieder-rhein-Region droht sind:

Dauervernässung, Unbewohnbarkeit und Gebietsaufgabe

In jüngster Zeit haben **plötzlich auftretende extreme Wetterlagen** weltweit für Schlagzeilen gesorgt. Diese Phänomene, die von heftigen Stürmen über unerwartete Hitzewellen bis hin zu schweren Überschwemmungen reichen, stellen eine ernsthafte Bedrohung für Menschen und Infrastrukturen dar.

Das Niederrhein-Gebiet ist ein tiefliegendes und abflussloses Bergsenkungsgebiet, das besonders anfällig für solche extremen Wetterereignisse ist.

Sie wissen,
> **dass die Deiche landseitig wie Staumauern wirken.**

Die „bergbaubeeinflusste" geographische Beschaffenheit des Gebiets kann dazu führen, dass Wasser nicht abfließen kann und sich in Senkungsmulden ansammelt. Dies erhöht das Risiko von Überschwemmungen und anderen wetterbedingten Schäden.

Auswirkungen von extremen Rheinhochwasser

Die Landesregierung reagiert auf die Hochwasserlagen aus den 1980er und 1990er Jahren. Umweltministerin Frau Bärbel Höhn beauftragt Uni´s und Institute zur Lagebeurteilung. Veröffentlicht werden 1999/2004 folgende Broschüren:

1999, NRW-Hochwasserfibel; Bauvorsorge

2000, Potenzielle Hochwasserschäden am Rhein in NRW. Analyse

2004, Grenzüberschreitende Auswirkungen von extremem Hochwasser

Bereits 2000 wurde im Zusammenhang mit der Studie ein Digitales Geländemodul erstellt. Dadurch bestand die Möglichkeit Geländehöhen in Meterschritten farblich darzustellen. Der HWS hatte umgehend das Programm gekauft und seit dieser Zeit verwendet und präsentiert.

Kurz danach erhielten wir vom Landesvermessungsamt die Nachricht, dass das digitale Programm -**wegen zu vieler Informationen**- eingezogen wurde!

Bergbauverfahren - Was steckt dahinter:

Es scheint wenig Sinn zu machen, Argumente für den Erhalt der Schutzgüter vorzubringen, wenn die politische Elite nicht in der Lage ist, im Rahmen der Wasserschutzgesetze, das Bundesberggesetz (speziell für den Niederrhein) zu ändern.

„Die in ungewöhnlicher Häufung abgelaufenen großen Hochwasser der 90er Jahre, vor allem die Rheinhochwasser von Dezember 1993 und von Januar 1995 haben vielfältige Aktivitäten zur Verbesserung des Hochwasserschutzes ausgelöst."

Frau Umweltministerin Bärbel Höhn 1999

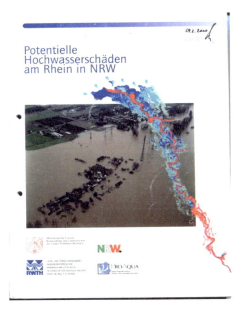

Bärbel Höhn: Im Jahr 2000
Hochwasserschutz ist teuer:
Deich kostet rd. 5 Mio.DM/km
Fördermittel rd. 60 Mio.DM/a
Schadenspotenzial bei HQ500 rd.
400 Mrd. DM

Starkregengefahren war noch kein Thema!

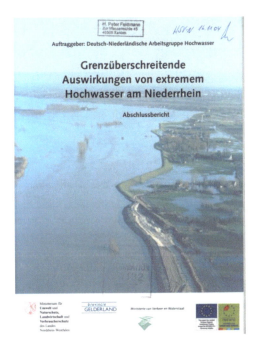

Zielsetzung:

Im Auftrag der Deutsch-Nie-
derländischen Arbeitsgruppe
Hochwasser ist von 2002-
2004 von diversen Ämtern die
Studie erarbeitet worden.

Ein Thema war:
Was geschieht, wenn der Abfluss nicht zwischen den Deichen abgeführt werden kann,
welche Gebiete werden zuerst
überflutet und sind grenzüberschreitende   Überflutungen
möglich?

„Nach dem Hochwasser ist vor dem Hochwasser"

„Hochwasser wird es immer geben. Dass sie nicht zu Katastrophen werden, wie hier im Jahre 1651 in Moers, 2025 (oder 2021 an der Ahr), ist Ziel eines Risiko-managements – jetzt
verbessert durch die Datenanalyse des Elbehochwassers 2002.
Noch größer als an der Elbe sei das Gefährdungspotenzial im deichgeschützten Überflutungsgebiet des Niederrheins, warnen die Experten. In den durch Bergbau abgesenkten Gebieten muss bei einem Deichversagen sogar mit Überflutungshöhen bis zu fünfzehn Metern gerechnet werden."
Prof. Dr. Andreas Schumann, Uni Bochum 2004

Fazit: Hauptprobleme sind Hochwasser und Starkregen, steigendes Grundwasser und daraus resultierende abflusslose Stauwasserlagen. Der beobachtete Anstieg des Meeresspiegels wird zu einem Rückstau des Rheinabflusses führen, was höhere Deiche unvermeidlich macht.

Bisher nicht diskutierte Themen sind:

- Der Einstau von abflusslosen, durch den Bergbau geschaffenen Senkungsmulden. Dies kann durch "Deichhinterströmung" aus Oberliegergebiete in NRW sowie durch Starkregenereignisse verursacht werden, da Deiche wie Staumauern wirken und keinen (natürlichen) Wasserabfluss gewährleisten.

- In einer "**Wasserfalle**" befinden sich 500.000 Menschen und Tiere, für die kaum Rettungschancen durch den Katastrophenschutz bestehen. (Lt. Bosch)

- Es gibt keine öffentlich bekannten **Flucht- und Rettungsziele**.

- Eine volkswirtschaftliche **Bewertung eines Einstaus** zur Schadensverhinderung fehlt. Hierbei sind Umweltschäden, Infrastrukturverluste, Nutzungsschäden, Menschenopfer sowie politische und soziale Unruhen zu berücksichtigen.

„Bei Überflutungen finden hinter den Deichen rheinparallele Strömungen statt.

Dadurch können auch Gebiete überflutet werden, die eigentlich durch Hochwasserschutz-Einrichtungen mit höheren Schutzniveau geschützt sind." (Kap. 12.1)

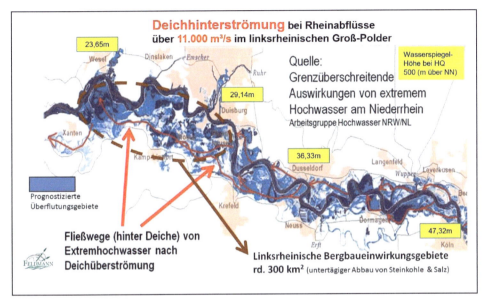

Hochwasservorsorge als Aufgabe der Raum- und Umweltfachplanungen

„Um die Gefährdungen durch Hochwässer für Mensch und Umwelt zu verringern, reicht es nicht aus, den Gefahren beispielsweise durch den Bau von Deichen zu begegnen. Vielmehr muss ein vorsorgender Hochwasserschutz in den Raum- und Fachplanungen verankert werden. Dadurch können Hochwassergefahren dort entschärft werden, wo die Ursachen der enormen Schäden liegen: In den Siedlungen, Infrastruktureinrichtungen und landwirtschaftlichen Nutzungen auf überschwemmungsgefährdeten Gebieten.

Den Planungsträgern der Wasserwirtschaft, Raumordnung, Bauleitplanung und Umweltfachplanungen stehen zahlreiche Instrumente zum Hochwasserschutz zur Verfügung. Die verschiedenen planerischen Instrumente sollten durch eine bessere Koordination und Kooperation der Planungsbehörden in der Praxis umgesetzt werden."

Quelle: Bundesumweltamt Nr. 45/99"

Anmerkung des Autors: Es reicht nicht, nur über den Hochwasserschutz an Gewässern zu sprechen. Wir müssen das Bewusstsein der Menschen für das Risiko der Stauwasserbildung schärfen. Die Zunahme extremer Ereignisse wie Starkregen und der Anstieg des Meeresspiegels mit seinen Folgen für die Küsten und andere Gebiete müssen ebenfalls in den Vordergrund gerückt werden. Nur der Mut zu Taten hilft weiter.

Nationales Hochwasserschutz-Programm von 2014 (NHWSP)
Zum Blickpunkt: **NRW-Niederrhein**:

„Nationale Bedeutung wegen extrem hohen Schadenspotential durch Bergsenkungsgebiet mit Überflutungshöhen von 10 Metern und mehr sowie wegen grenzüberschreitender weiträumiger Überflutungsgefährdung der Niederlande."

Anmerkung des Autors:
Solange die strikte Einhaltung und Kontrolle der Deichschutzverordnung und eine einheitliche Höhe der Deichlinie im Polder nicht als Pflicht angesehen werden, können wir keine Risikominderung durch regierungsseitige Maßnahmen erwarten.

Vision: Lösung bei extremen Rheinabflüssen - Die **Gerinneentlastung** könnte ein Ansatz zum grenzüberschreitenden Hochwasserschutz sein. Die strategische Nachnutzung von Braunkohletagebauen und die Anbindung an die Wasserstraßen der Benelux-Länder könnten in Bezug auf historische Kanalplanungen berücksichtigt werden. Aktuell soll künftig eine dauerhafte „**Rheinanbindung**" an die zu flutende Tagebaue und Wiedervernässung den Rheinischen Reviers erfolgen.

Was empfiehlt und regelt der Staat:

Landesgesetz vom 3. Mai 2005:
§ 31a Grundsätze des Hochwasserschutzes

*(1) Oberirdische Gewässer sind so zu bewirtschaften, dass so weit wie möglich Hochwasser zurückgehalten, der **schadlose Wasserabfluss** gewährleistet und der Entstehung von Hochwasserschäden vorgebeugt wird. Gebiete, die bei Hochwasser überschwemmt werden können oder deren Überschwemmung dazu dient,*

Hochwasserschäden zu mindern, sind nach Maßgabe der Vorschriften dieses Abschnitts zu schützen.

(2) Jede Person, die durch Hochwasser betroffen sein kann, ist im Rahmen des ihr Möglichen und Zumutbaren verpflichtet, geeignete Vorsorgemaßnahmen zum Schutz vor Hochwassergefahren und zur Schadensminderung zu treffen, insbesondere die Nutzung von Grundstücken den möglichen Gefährdungen von Menschen, Umwelt oder Sachwerten durch Hochwasser anzupassen.

(3) Durch Landesrecht wird geregelt, wie die zuständigen staatlichen Stellen und die Bevölkerung in den betroffenen Gebieten über Hochwassergefahren, geeignete Vorsorgemaßnahmen und Verhaltensregeln informiert und vor zu erwartendem Hochwasser rechtzeitig gewarnt werden.“

EU-Hochwasser-Risiko-Management-Richtlinie von 2007:

„Hochwasser haben das Potenzial zu Todesfällen, zur Umsiedlung von Personen und zu Umweltschäden zu führen, die wirtschaftliche Entwicklung ernsthaft zu gefährden und wirtschaftliche Tätigkeiten in der Gemeinschaft zu behindern.“

Extremhochwasser/Starkregen können Niederrheinmetropole vernichten!
Ergebnis der Studien von 1999, 2000 und 2004

Die Bewohner der niederrheinischen Tiefebene sind Überschwemmungsrisiken, und seit dem 19.Jh. Bergbaueinflüsse ausgesetzt, die anderen Regionen in Deutschland nicht haben!

Einleitung

Nordrhein-Westfalen ist ein leistungs- und wirtschaftsstarkes Land mit einer national/international vernetzten Infrastruktur.

Über die **Verletzlichkeit** dieser Infrastruktur wird seitens der Regierung kaum ein Wort verloren. Strategien zur Vorsorge und Schadensverhinderung ist dabei keineswegs nur Staatsaufgabe. Da helfen auch keine Studien mit ihren Empfehlungen, wenn die Politik nicht zur Umsetzung und handlungsbereit ist.

Den Schaden trägt die Gesellschaft. Leittragende sind die Steuerzahler, Privatpersonen und Behinderung der Wirtschaft. Die „**Stärke**" Deutschlands liegt im s.g. Aussitzen, Verzögern und Verharmlosen!

Wir blicken mit Sorge auf die Folgen, die mit dem Ende des untertage-Bergbaues und des Braunkohle Tagebaus einhergehen. Genehmigungen, die das **BBergG** ermöglicht, schädigt auf Ewigkeit unser Land, das Eigentum und die Natur. Sie bedrohen unsere Gesundheit und können tödliche Folgen haben.

„Zweifel zu haben ist ein unangenehmer, sich in Sicherheit zu wiegen ein absurder Zustand." (Voltaire)

Es ist geübte Praxis, dass die NRW-Politik die zutage tretenden Ewigkeits-Folgen und Schädigungen durch Bergbautätigkeiten die Infrastruktur, den betroffenen Bürgern, Kommunen und die übrige Wirtschaft tragen lässt. Eine Rechtslage, das Bundesberggesetz (BbergG), welches nicht dem Zeitgeist entspricht und über dem **Grundgesetz** steht!

Es wird die mangelnde Vorsorge und Schadensverhinderung der NRW-Politik im Zusammenhang mit dem Ende des Untertage-Bergbaus und des Braunkohle-Tagebaus kritisiert.

Wir fordern langfristige Konzepte zur Sicherung der Infrastruktur, der Daseinsvorsorge und des Lebensraumschutzes in den bergbaugeprägten Regionen. Wir beanstanden die geplante Füllung des Tagebaues Garzweiler II /Hambach mit Rheinwasser über eine **Rohrleitungstrasse** anstatt eines naturnahen und offenen Wasserwegs zu wählen.

Und erwarten einen systemrelevanten Wasserwirtschaftsplan für das Gebiet zwischen dem Niederrhein und der Maas.

Wir betonen die Notwendigkeit einer Öffentlichkeitsbeteiligung bei den Entscheidungen, die die jetzigen und folgenden Generationen betreffen und ertragen müssen.

Der Untertage-Bergbau und der Braunkohle-Tagebau haben verschiedene Folgen für die Umwelt, die Wirtschaft und die Gesellschaft. Einige der wichtigsten Folgen sind:

Lebensraumverlust: Durch den hohen Flächenverbrauch werden wertvolle Lebensräume für Pflanzen und das Umfeld für Tiere zerstört, die oft nicht wiederhergestellt werden können. **Bodenzerstörung**: Die Böden, die durch den Abbau der Braunkohle abgetragen werden, sind oft für eine Folgenutzung durch Forst- und Landwirtschaft ungeeignet.

- Der seit Hundert Jahre dauernde Abbau von **Steinkohle** verursachte in einem potenziellen Überflutungsgebiet **Geländesenkungen** von bis zu 25 Meter. Ohne permanente **Grundwasserabsenkung** ist die **Siedlungsfähigkeit** nicht gewährleistet. Das Gebiet droht auch durch s.g. „**Deichhinterströmung**" überflutet zu werden. Weil mancherorts Hochwasserschutz keine **Pflichtaufgabe** und „Ansichtssache" ist!

- Der Abbau der **Braunkohle** erfordert eine großflächige **Absenkung des Grundwasserspiegels bis zu einer Tiefe von rd. 500 Meter**, der nach dem Ende des Abbaus wieder ansteigt. Dies kann zu Geländeanhebung, Überflutungen, Vernässungen, Versauerungen und Verockerungen des Oberflächenwassers führen. (betroffene Gebietsfläche rd. 4.900 km² mit 2,4 Mio. Einwohner)

- **Landschaftswandel**: Die Landschaft, die durch den Braunkohleabbau verändert wurde, verliert oft ihren natürlichen Charakter und ihre kulturelle Identität. Die Folgenutzung der Flächen ist oft eingeschränkt oder ungewiss. Einige der ehemaligen Tagebaue werden zu Seen geflutet, die für die touristische Nutzung oder als Wasserreserven dienen sollen. Manche Gewässer werden trockenfallen, weil kein Sümpfungswasser mehr ansteht.

- **Folgekosten**: Die Beseitigung der Folgeschäden des Braunkohleabbaus erfordert hohe finanzielle Mittel, die nicht immer ausreichend gesichert sind. Die Bergbautreibenden sind gesetzlich verpflichtet, für die Sanierung und

- Rekultivierung der Flächen aufzukommen. Jedoch besteht die Gefahr, dass sie sich aus ihrer Verantwortung zurückziehen oder insolvent werden.

- **Verletzlichkeit**: Das Risiko einer abflusslosen Stauwasserbildung besteht dort wo Untertage-Bergbau-Einfluss und hohe Deiche ein Abfließen des eingestauten Wassers verhindert. Mit Totalschaden und Gebietsaufgabe ist zu rechnen.

Das NRW-Umweltministerium macht deutlich:

Von MR Robert Kolf, MUNLV Düsseldorf vom 4. Oktober 2004:

„Hochwasserschutz im Einfluss von Bergsenkungen

1. Konzept nachhaltiger Hochwasserschutz in NRW

Die beiden Rheinhochwasser von 1993 und 1995 mit Schäden von fast 200 Mio. € haben die Landesregierung von Nordrhein-Westfalen veranlasset, neue Wege zu gehen. Die bis dahin fast ausschließlich verfolgte Politik der "hohen Deiche" wurde durch eine neue Politik des "nachhaltigen Hochwasserschutzes" ersetzt. Damit das landesweit nach einheitlichen Vorgaben geschieht, wurde Anfang 1996 das "Konzept für einen nachhaltigen Hochwasserschutz in Nordrhein-Westfalen" auf den Weg gebracht. Mit einem Bündel von Maßnahmen, können Lösungen einzeln oder in Kombination, aber immer ortsbezogen umgesetzt werden.

Das Konzept ist auf 20 Jahre angelegt. *Es wird seit 1996 vor allem am Rhein konsequent umgesetzt, so dass zwischenzeitlich mehr als die Hälfte aller Vorhaben verwirklicht werden konnten. Sowohl im nationalen als auch im internationalen Vergleich steht der Hochwasserschutz am Rhein in NRW auf hohem Niveau; nach der Umsetzung des Konzeptes wird das noch besser sein.*

Eine wesentliche Aufgabe besteht darin, rd. 210 km Rheindeiche auf das im Herbst 2003 neu festgesetzte Bemessungshochwasser auszurichten und die Schutzanlagen an den Stand der Technik anzupassen.

2. Auswirkungen des Bergbaus auf die Tagesoberfläche

Das Bergbaugebiet in NRW verläuft zwischen der Lippe im Norden und der Ruhr im Süden und erstreckt sich vom linken Niederrhein bis nach Hamm. Besonders betroffen sind das Emscher mit ihren Nebengewässern, die Lippe und der Rhein zwischen Duisburg und Xanten auf einer Strecke von rd. 40 km.

Durch den Abbau von Kohle bzw. Salz (Bislicher Insel) wird die Geländeoberfläche schüsselförmig abgesenkt. Dabei entstehen Zerrungs- und Pressungsbereiche. Die Hochwasserspiegellagen der Gewässer bleiben nahezu unverändert erhalten.

Durch die Bodensenkungen werden die potenziellen Überschwemmungsflächen vergrößert und die Schadenspotenziale vergrößert, die Vorflut gestört und das Grundwasser freigelegt.

3. Konsequenzen für den Hochwasserschutz

Die Bergsenkungen bewirken eine Reihe von Maßnahmen.

• Deiche anpassen

- Deiche erhöhen

Durch den Bergbau werden der Deich sowie das Deichvor- und – Hinterland großflächig abgesenkt. Da der Hochwasserspiegel erhalten bleibt, muss der Deich ent-

sprechend aufgehöht werden. Diese Arbeiten müssen vor Eintritt der Bergsenkungen abgeschlossen sein, damit der volle Hochwasserschutz jederzeit sichergestellt ist.

„Zweifel zu haben ist ein unangenehmer, sich in Sicherheit zu wiegen ein absurder Zustand." (Voltaire)

- Risse sichern

Durch den Abbau entstehen im Untergrund ausgehend vom Flötzhorizont Dehnungen, die sich bis an die Tagsoberfläche erstrecken. Probleme bereiten dort offene, klaffende Risse. Am Niederrhein muss in den Bereichen mit solchen Rissen gerechnet werden, für die Zerrungen von mehr als 2mm/m (0,2 %) vorausberechnet wurden. Dort werden prophylaktisch Beobachtungshilfen und Messpunkte gesetzt sowie Zerrungssicherungselemente (Spundbohlen von ca. 3,5 m Länge) eingebaut.

- Druckerhöhung ausgleichen

Durch das Absenken der Tagesoberfläche kann sich bei Hochwasser unter der Auelehmschicht eine Druckhöhe des Wassers einstellen (artesischer Druck), die das Gewicht der überlagernden Auelehmschicht übersteigt. Damit die Auelehmschicht nicht aufbricht und eine rückschreitende Erosion mit Zerstörung des Deiches verhindert wird, muss das Gewicht der Auelehmschicht erhöht werden. Dazu werden die gefährdeten Bereiche im Deichhinterland meist großflächig mit geeignetem Material beschwert. Zur Druckentlastung sind in Einzelfällen auch Sickerschlitze in filterstabiler Ausführung gebaut worden.

• Schadenspotenziale begrenzen

Durch die Bergsenkungen werden häufig große Gebiete, die bisher hochwasserfrei waren, unter das Niveau der 100jährlichen Hochwasserspiegel der Flüsse abgesenkt. Das widerspricht den Forderungen des Aktionsplans Rhein und muss soweit wie möglich eingeschränkt werden.

• Risiko minimieren

- Risikoanalyse

Das Risiko R = p x S (Produkt aus Eintrittswahrscheinlichkeit p eines potenziell schadenbringenden Ereignisses mit potenziell hervorgerufenen Schäden S), nimmt in Bergsenkungsgebieten vor allem durch die enorme Vergrößerung der Schadenspotenziale dramatisch zu. Beispielsweise hat die Risikoanalyse für den Bereich Walsum bezogen auf den Ausgangszustand 1999 (vor Eintritt der Bergsenkungen)

und den Endzustand 2019 (nach Eintritt der Bergsenkungen) eine vollkommen un-
akzeptable Erhöhung des Risikos ergeben. Wenn es nichtgelingt, das Risiko durch
geeignete Maßnahmen auf den Stand von 1999 zurückzuführen, muss der Abbau
aus Gründen der Hochwassersicherheit abgelehnt werden.

- Kammerung

*Damit bei einem Deichversagen der Schaden möglichst gering bleibt, werden zwei
Gedankenmodelle diskutiert: Damit nur definierte kleine Bereiche volllaufen, soll
das ehemalige Überschwemmungsgebiet durch Ringdeiche auf Banndeichhöhe in
kleine autarke Kammern unterteilt werden. Um das Einströmen zu verzögern und
die überströmte Fläche möglichst klein zu halten, sollen vorhandene Geländestruk-
turen (Straßen- und Bahndämme, Erhöhungen usw.) in einem iterativen Prozess
optimiert und in Kompartimente unterteilt werden, die nur nacheinander und verzö-
gert einströmen.*

- Überlaufschwellen

*Ein Überfluten der Deiche ist bereits schlimm genug. Solange aber nur der Wellen-
scheitel entlastet wird, halten sich die Folgen in Grenzen. Zur Katastrophe wird ein
Deichüberströmen erst, wenn dadurch die Deiche brechen, dass Wassermit großer
Kraft ins Hinterland einströmt und das bis dahin geschützte Gebiet*

meterhoch unter Wasser setzt. Dies muss unter allen Umständen vermieden4wer-
den. Dazu wird in der DIN 19712 vorgeschlagen, Deiche mit befestigten Überlauf-
strecken auszustatten.

• Vorflut der Gewässer sichern

*Durch die Bergsenkungen wird häufig der Wasserabfluss in den Gewässern ge-
stört. Das Gewässer ufert aus und es entstehen wassergefüllte Mulden. Mehrere
Gegenmaßnahmen haben sich eingebürgert:*

- Das Gewässer wird im Bereich der Senkungsmulde eingedeicht.

- Das Gewässer wird ausgebaut und die Gewässersohle stromab vertieft.

*- In der Senkungsmulde wird ein Vorflutpumpwerk gebaut und das Wasser über
den Senkungsrand gepumpt.*

*- Durch Grundwasserpumpanlagen wird im Senkungsbereich ein ausreichender
Grundwasserflurabstand gewährleistet."*

Die Sache mit dem Überschwemmungsrisiko

Das Überschwemmungsrisiko am Niederrhein ist seit mehr als 100 Jahren ein
wichtiges Thema. Über eine Million Menschen leben in einem Gebiet, das durch
Hochwasser und Überschwemmungen bedroht ist. Trotzdem wurden Warnungen

NRZ vom 25.7.2023

Deichschutz: Großteil der Anlagen sanierungsreif

und Vorschläge von Experten von Politik und Behörden oft ignoriert oder abgelehnt. Ein Hauptproblem besteht darin, dass der Rhein keine einheitliche Leitung hat und die Deiche von ehrenamtlichen Verbänden verwaltet werden, die möglicherweise nicht über die erforderlichen Kompetenzen und Ressourcen verfügen. Diese Verbände können rechtlich belangt werden, wenn sie die Deichschutzverordnung nicht einhalten, haben jedoch keinen Einfluss auf Entscheidungen, die ihren Schutzbereich betreffen.

Die Verwundbarkeit der Region hat durch verschiedene Faktoren zugenommen, wie Bergbau- und Tagebauaktivitäten, die zu Geländesenkungen und Veränderungen des Grundwassers geführt haben, den Ausbau der Infrastruktur, der die Flächenversiegelung erhöht hat, und den Klimawandel, der zu extremeren Wetterereignissen führt. All diese Faktoren erhöhen das Risiko von Stauwasserbildung und Überschwemmungen in dem abflusslosen Poldergebiet zwischen Krefeld und Xanten sowie in weiteren deichgeschützten Gebieten des Niederrheins. **Die Bewohner haben das Risiko zu tragen!**

Das HWS-Team setzt sich seit mehr als 25 Jahren ehrenamtlich für Vorsorge und Risikominderung am Niederrhein ein. Mit dem Ziel, die Öffentlichkeit über die Folgen des Bergbaus, des Tagebaus und des Klimawandels zu informieren und zu sensibilisieren. Es wurden Vorschläge zur ökologischen Sicherung des linksrheinischen Grundwasserspeichers gemacht. Doch diese Bemühungen sind oft auf taube Ohren gestoßen.

Es ist an der Zeit für einen Umdenkprozess und eine Umsetzung der realpolitischen Richtlinien gemäß der EU-HWRM-RL, der DSchVO, BHQ2004 usw. Es ist an der Zeit, dass die Verantwortung für den Hochwasserschutz eine **Pflichtaufgabe** wird.

Nicht verhältnismäßig ist die jetzige Aufgabenteilung und das Management zwischen den Hochwasserschutzpflichtigen und den staatlichen Organen.

Es ist an der Zeit für eine unabhängige öffentliche Kontrolle der Sicherheitseinrichtungen und Informationspflicht.

> **„Wer nichts verändern will, wird auch das verlieren, was er bewahren möchte."**
> (Gustav Heinemann)

Es ist an der Zeit, dass das Leben und das Eigentum der Menschen am bergbaubetroffenen und abflusslosen Niederrhein ernst genommen und wertgeschätzt werden.

**Schutzmaßnahmen für Lebensräume haben
Pflichtaufgaben zu sein!
Rückständiger Lebensraumschutz
im Bergbaugebiet Niederrhein.
Die Niederrheinische Gesellschaft
ist auf einen Ernstfall nicht vorbereitet!**
Keine Chance für den Katastrophenschutz und Rettung
von Menschen und Tiere, Infrastruktur.
Ein staatspolitisches Desaster droht!

Zusammenfassung:

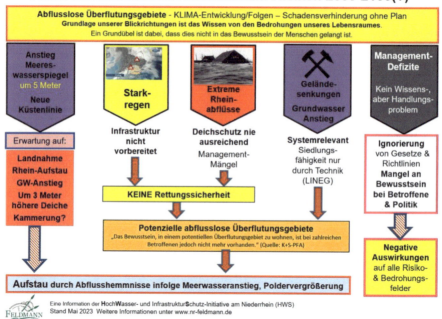

Es ist wichtig zu betonen, dass der Umgang mit extremen Rheinabflüssen und Starkregen, sowie Stauwasser und den damit verbundenen Herausforderungen, eine komplexe Aufgabe ist, die von verschiedenen Faktoren abhängt. Dazu gehören das Management von Wasserressourcen, der Klimawandel, ökologische Auswirkungen und sozioökonomische Bedingungen. Um eine präzisere Einschätzung der Zukunft des Niederrheins zu erhalten, sollten spezifische Studien und Expertenmeinungen herangezogen werden, die sich mit den lokalen Gegebenheiten befassen.

In Nordrhein-Westfalen sehen wir weniger ein Wissensproblem als vielmehr ein Handlungsproblem. Daher ist es von großer Bedeutung, das Bewusstsein für diese Gefahren zu schärfen. Dies kann durch Bildung, Informationskampagnen, Schulungen oder andere Formen der Aufklärung geschehen. Indem wir die Menschen über potenzielle Gefahren informieren, können wir dazu beitragen, Unfälle zu vermeiden, die Gesundheit zu schützen, die Umwelt zu bewahren und das Risiko von Fahrlässigkeit, Missbrauch und Kriminalität zu verringern. (Zitat: ARD-Meteorologe **Sven Plöger**)

Deichhinterströmung drohen auch Deichschutzgebiete indem stromabwärts tieferliegende Gebiete eingestaut werden,

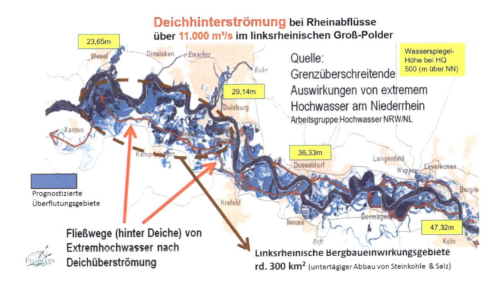

„Bei Überflutungen finden hinter Deichen rheinparallele Strömungen statt. Dadurch können auch Gebiete überflutet werden, die eigentlich durch Hochwasserschutzeinrichtungen mit höheren Schutzniveau geschützt sind." (Kap.12.1)

Tabelle B12.1: Änderungen der Parameter der Rückhalteräume bei der Optimierungsvariante (die Umsetzung von Abflüssen und Wasserständen beruht auf Busch et al. 1994)

| Gebiet | km | Bemessungs- | | Kritischer Abfluss/Schwellenhöhe | | | |
| | | abfluss | wasserstand | Zustand 2020 | | Zustand Optimierungsvariante | |
		Q (m³/s)	H (m ü NN)	Q (m³/s)	H (m ü NN)	Q (m³/s)	H (m ü NN)
Köln-Langel	670,00	11305	49,62	11305	49,62	10957	49,41
Worringer Bruch	709,00	12900	42,80	10750	41,65	12900	42,80
Ilvericher Bruch 1	752,00	13300	34,34	11840	33,63	13300	34,34
Ilvericher Bruch 2	753,00	13300	34,13	12000	33,52	13320	34,14
Bylerward	849,00	14500	19,06	10120	17,45	14500	19,06

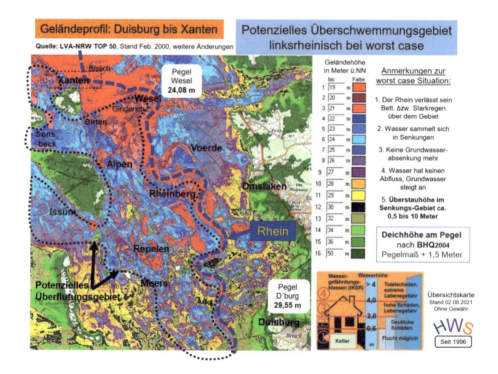

Beispiel einer Karte die mittels des digitalen Geländemodells (aus der Studie von 2000, TOP 50) vom HWS erstellt wurde.
Hier sehen Sie ihre Geländehöhe in Bezug zum Regelmaß

Hilfestellung:

Diese Kartendarstellung ermöglicht eine Ermittlung des theoretischen persönlichen Überschwemmungspotenzials.

Indem, ausgehend von der Wasserspiegel-Höhe in Meter über NN der Unterschied zur persönlichen Geländehöhe des Eigentums ermittelt wird.

Anders sieht es aus, wenn Starkregen das Gebiet heimsucht. Dabei können, insbesondere in den Senkungsmulden, andere Überstauhöhen entstehen.

„Die Gefahr, die man am wenigsten erwartet, kommt am schnellsten zu uns." (Voltaire)

Quelle: Forschungsstudie u.a. von RWTH Aachen-NRW von 2000:

Standorte hoher Sensitivität

Seit den 1990er Jahren sind staatsgefährdende Umwelt- und Infrastrukturgefahren bekannt.

Quelle: Forschungsstudie u.a. von RWTH Aachen-NRW von 2000:

Potenzielle Hochwasserschäden am Rhein in NRW:
Bei 14.800 m³/s (Umrechnung in Euro)

Einstaufläche	1.495 km²
Betroffene Menschen	1,35 Millionen
Schadenspotenzial	125 Mrd. Euro
Bruttowertschöpfung	61 Mrd. Euro/Jahr
Sachschäden	17 Mrd. Euro
Wertschöpfungsverluste	4 Mrd. Euro
Gesamtschaden /Einwohner	> 200 Tsd. Euro
Flutopfer (Menschen, Tiere)	keine Angaben

Für die Schadensbeseitigung
ist mit einem Mehrfachen der entstandenen Schäden zu rechnen!

Bedrohungsumfang ausgewählter Kommunen

Bemerkung hierzu: Starkregenanfall und Stauwasserbildung sind nicht berücksichtigt.

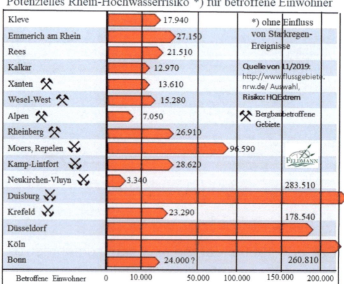

Potenzielles Rhein-Hochwasserrisiko *) für betroffene Einwohner

Wer sich in Sicherheit wiegt, wird oft nur verschaukelt.
(unbekannt)

Siehe auch das Informationsportal der Landesregierung NRW
Eine öffentlich zugängliche Informationsplattform:
Starkregenhinweiskarte NRW

Wer haftet für die Folgen von Überschwemmungen?

Eine drohende Überschwemmungskatastrophe bedroht das Leben und den Lebensraum von mehr als **500.000 Menschen** am Niederrhein. Bewohner des Rheinischen Reviers kommen dazu.

Hier erläutere ich die Fakten, Risiken und möglichen Lösungen.

Ich war fast drei Jahrzehnte im Steinkohlebergbau tätig. Seit den 90er Jahren engagiere ich mich mit unserer **Initiative HWS** für den Lebensraumschutz vor Rheinhochwasser und Starkregen von bergbaubetroffenen Gebieten am Niederrhein.

Die Fakten Was wir wissen: Seit dem Ende des vorigen Jahrhunderts belegen Gesetze, Studien und Hochwasserkonferenzen das Lebensraumrisiko für über 500.000 Menschen, Tiere, Umwelt und Infrastruktur. Die Landesregierung NRW ist für den Hochwasserschutz am Niederrhein **nicht** zuständig. *Es besteht keine Pflicht zur Schadensverhinderung und Vorsorge vor Einstau von bergbaubetroffenen Siedlungsgebieten.* Das Berggesetz ist allmächtig! Man ignoriert das hiesige Risiko! Das abgesenkte Gebiet hat keinen (natürlichen) Abfluss von Stauwassermengen in den Vorfluter (Rhein).

Die Risiken Was uns droht: **Die Risiken für Leib und Leben sind bekannt.** Mit Tausenden **Flutopfern** ist zu rechnen. Es existieren infolge einer Überschwemmung keine öffentlich bekannten Fluchtwege und -orte. Mit den Mitteln des Katastrophenschutzes besteht kaum Rettung für Menschen und Tiere. Mit Stand von 2000 wurde ein **Schadenspotenzial** von rd. 200 Mrd. Euro ermittelt.

Die Lösungen Was wir fordern: Wir fordern eine gesetzliche Regelung, die die Verantwortung für den Hochwasserschutz am Niederrhein klar definiert und festlegt. Wir fordern eine verbindliche **Pflicht zur Schadensverhinderung** und Vorsorge vor Einstau von **bergbaubetroffenen Siedlungsgebieten**. Wir fordern eine transparente Information der Öffentlichkeit über die Überschwemmungsgefahr und die möglichen Maßnahmen zur Prävention und Evakuierung. Das Bewusstsein hierüber ist von Behörden wach zu halten! Wir fordern eine angemessene Finanzierung und Umsetzung von technischen Lösungen, die einen sicheren Abfluss von Stauwassermengen in den Vorfluter gewährleisten.

Wir brauchen Ihre Hilfe! Informieren Sie sich über die Überschwemmungsgefahr am linken Niederrhein, engagieren Sie sich für den Lebensraumschutz. Gemeinsam können wir eine Katastrophe verhindern!

„Mehr als die Vergangenheit interessiert uns die Zukunft, denn in ihr Gedenken wir zu leben." (Albert Einstein)

17.04.2014, HWS-Krisengespräch mit Sabine Weiss MdB
Weitere Teilnehmer: Kuster, Miedema, NN, Clostermann, Feldmann

Auswirkungen des Untertage-Bergbaus

Die **Rahmenbedingungen** zur Gewinnung heimischer Bodenschätze von Stein- und Braunkohle, Steinsalz und Kies, lag bislang, gemäß des **Bundesberggesetzes (BBergG),** auf die Sicherstellung der Versorgungssicherheit der Einwohner und diente der wirtschaftlichen Entwicklung unseres Landes.

Über die **Ewigkeitsbewältigung** der Bergbau-Folgen wie Entwässerung, Schutzanpassungen und Kostenträgerschaft etc. sind noch viele Fragen nicht beantwortet.

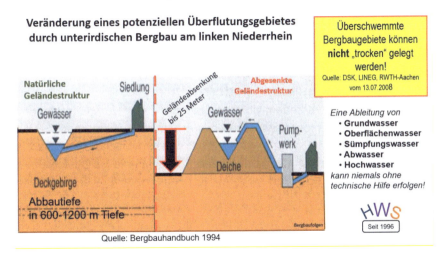

Veränderung eines potenziellen Überflutungsgebietes durch unterirdischen Bergbau am linken Niederrhein

Überschwemmte Bergbaugebiete können **nicht „trocken"** gelegt werden!
Quelle: DSK, LINEG, RWTH-Aachen vom 13.07.2008

Natürliche Geländestruktur — Siedlung — Geländeabsenkung bis 25 Meter — Abgesenkte Geländestruktur

Gewässer — Gewässer — Pump-werk — Deiche

Deckgebirge — Abbautiefe in 600-1200 m Tiefe

Eine Ableitung von
• **Grundwasser**
• **Oberflächenwasser**
• **Sümpfungswasser**
• **Abwasser**
• **Hochwasser**
kann niemals ohne technische Hilfe erfolgen!

HWS Seit 1996

Bergbaufolgen

Quelle: Bergbauhandbuch 1994

Bergbauliche Eingriffe zur Rohstoffgewinnung sind generell Eingriffe in den lebenswichtigen Wasserhaushalt.
Die Folgen sind irreparabel und erhöhen das Lebensraumrisiko für Betroffene

Bergbauliche Eingriffe haben Folgen. Die Sicherheit und der Schutz der Bewohner des vom Bergbau betroffenen Niederrhein-Gebietes, das über 400 km² umfasst, entsprechen bislang nicht der sozialen und wirtschaftlichen Wertschätzung, die sie verdienen.

Es gibt noch keine gesetzliche Anerkennung den bergbaubetroffenen und abflusslosen Niederrheingebietes als
"Kritisches Infrastrukturgebiet".

Ein „bekanntes" potenzielles Überflutungsgebiet wurde um bis zu 25 Meter abgesenkt. Besonders betroffen sind die Kerngebiete der Steinkohlenförderung seit der Frühzeit im 19. Jahrhundert am linken und rechten Niederrhein.

Die Bewohner befinden sich in einer Art **Wasserfalle**, eingebettet in **Senkungstrichter**. Einströmendes Stauwasser kann aufgrund der bis

NN vom 5.Okt.22
Absenkung der Badewanne ist ein Tanz auf dem Vulkan

zu 15 Meter hohen Deiche nicht schadensmindernd in den Rhein abfließen. Die **LINEG** hat lediglich dafür zu sorgen, dass der senkungsbedingte angepasste Grundwasserspiegel die Region weiterhin siedlungsfähig hält! Wer die Kosten dafür auch in Zukunft tragen wird, ist mehr als ungewiss.

Der Anstieg des Meeresspiegels erhöht das Risiko eines Rheinwasser-Aufstaus am Niederrhein

Über allem steht eine Klimaentwicklung, die wir noch vor Jahrzehnten nicht erahnen konnten. Die Erkenntnisse darüber werden immer konkreter: Der Anstieg des Meeresspiegels wird uns in erhebliche wasserwirtschaftliche Bedrängnis bringen. Die **Nordseeküste** kommt uns näher. Dies ist eine Herausforderung, vor der wir uns nicht wegducken dürfen, da die Konsequenzen fatal sein könnten.

Nicht nur die ursprüngliche Tieflage des Niederrheins und die weitere Absenkung der Geländeoberfläche durch den untertägigen Steinkohle- und Salzbergbau stellen ein Problem dar. Der klimabedingte **Anstieg des Meeresspiegels** hat lebensbedrohliche Auswirkungen auf den Abfluss des Niederrheins und beeinflusst den Gelände-, Hochwasser- und Katastrophenschutz, insbesondere unsere Immobilien, Leben und Gesundheit.

Weitere prognostizierte Geländesenkungen, die durch den Salzabbau verursacht werden und bis zu 200 Jahre andauern können, verschärfen das Gefahren- und Risikopotenzial für die Zukunft. Aus sozialpolitischer Sicht können wir diese Entwicklung nicht länger hinnehmen.

Unsere Forderung ist daher die Beendigung des Steinsalzabbaus mit Auslaufen des Rahmenbetriebsplans (RBP) 1985 zum Ende 2025 zumindest unter dem Xantener Stadtgebiet und in Rheinnähe.
Sowie kein weiterer Salzabbau unter Banndeichen ohne Berücksichtigung voreilender Sicherheitsmaßnahmen. Strikte Einhaltung aktueller Richtlinien zum

Hochwasserschutz des Polders sowie die Anpassung an die Folgen des Meerwasseranstiegs an die erwartbaren Abflusshemmnisse des Niederrheins.

Zukunft des Steinsalzabbaus am linken Niederrhein

Foto K+S, Tagesanlagen Bergwerk Borth

Für die Belange der Salzbergbaugeschädigten befasst sich die „**Bürgerinitiative der Salzbergbaugeschädigten NRW e.V.**
Vorsitzender ist **Torsten Schäfer**

„**Ziel 1:** für die Schaffung einer neutralen Schadensstelle als unabhängige Instanz zur objektiven Beurteilung von Schäden durch Salzbergbau, aber gegen ein System, bei dem das Salzbergbauunternehmen allein den Schadensumfang und die Entschädigungshöhe festlegt.
Ziel 2: für die Bildung einer langfristig gesicherten finanziellen Rücklage zum Ausgleich der Ewigkeitslasten über die aktive Salzabbauphase hinaus,
aber gegen das Umlegen der Folgekosten auf Bürger und öffentliche Einrichtungen.
Ziel 3: für einen Salzbergbau, der seiner Verantwortung für Bürger und Umwelt endlich nachhaltig gerecht wird,
aber gegen einen Salzbergbau bei dem die Betreiberfirma profitiert und die Bevölkerung und Umwelt langfristig beeinträchtigt und geschädigt wird."

Hörenswerte „**Radio-Kreis-Wesel-Sendungen"** von Karlheinz Kamps.

Deichüberlauf 1.01.1926 Wesel-Werrich, Solvay Richtung NNO

O.S.V.
4.1.1926.
214

Bereits ohne Senkungseinwirkungen wird das Land in Jahre 1926 großflächig überflutet. (Abflussmenge rd. 12.000 m³/s)

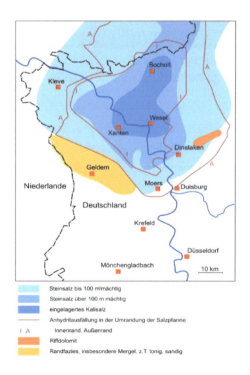

Steinsalz bis 100 m mächtig
Steinsalz über 100 m mächtig
eingelagertes Kalisalz
Anhydritausfällung in der Umrandung der Salzpfanne
I A   Innenrand, Außenrand
Riffdolomit
Randfazies, insbesondere Mergel, z.T. tonig, sandig

Die ergiebige Salzlagerstätte im Westen Deutschlands.

Das Steinsalzwerk Borth fördert seit 1925 hochwertiges Steinsalz aus einer ergiebigen Lagerstätte zwischen Wesel und Xanten. Die Produktpalette umfasst neben Industrie- und Gewerbesalzen auch Speisesalze, hochreine Pharmawirkstoffe und Auftaumittel für die Mobilität auf winterlichen Straßen.

Foto RP:
Situation
unter Tage Salzberg-
werk Borth.
Endsenkungen von
bis zu 5 Meter ent-
stehen über einen
Zeitraum von bis zu
200 Jahren.

Das genehmigte Abbaugebiet des Steinsalz-Bergwerks Borth bis zum Jahr 2025

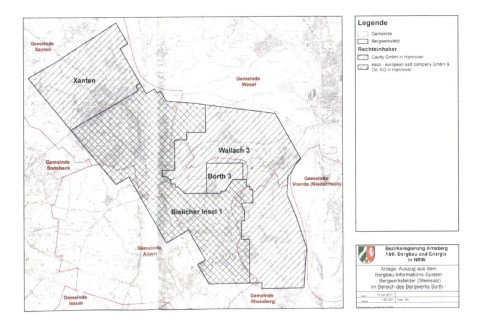

Bergbau unter einem potenziellen Überflutungsgebiet des Niederrheins, unter einem Notfutungspolder „Bislicher Insel" und unter der Banndeichlienie „**Rheinferner
Deich**" bei Xanten-Birten, Wesel-Ginderich.

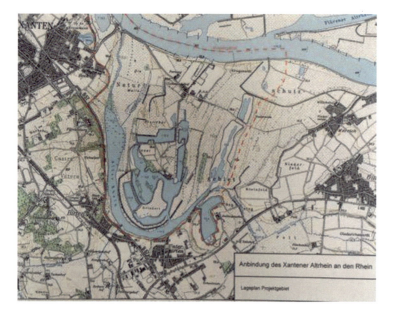

Das Gebiet
im Umfeld
der Bisli-
cher Insel

K+S-Antrag auf Abbauverlängerung von Steinsalz

Einwendungen im Rahmen der Öffentlichkeitsbeteiligung gem. UVP-V zum Antragsteil „**Neues Westfeld**" (Xanten) betreffend. vom 15.05.2022

Zur Wahrung unserer Rechte gegen den o. g. Planfeststellungsantrag (PFA) erheben wir (Familie Feldmann) folgende Einwendung: Wir sind in ernster Sorge um den Erhalt unseres Lebensraums am linken Niederrhein. Extreme Naturereignisse Starkregen und Hochwasser gab es schon immer. Der Unter-Tage Bergbau tat sein Übriges dazu die Niederrheinische Landschaft in ein abflussloses Gebiet zu befördern. Noch vor drei Jahrzehnten wurde verkündet, dass der Salzabbau keine Senkungen verursacht. Daher auch die bisherige Akzeptanz in der Öffentlichkeit.

Prognostizierte Senkungen von bis zu 4 Meter die sich über einen Zeitraum von ca. 200 Jahren sich zeigen werden. Wie die Senkungen auf die vorhandene Topographie in Abhängigkeit zur Überschwemmungsgefahr sich auswirken wird (geflissentlich) verschwiegen.

Kritik am neuen Rahmenbetriebsplanverfahren von K+S:

Das Erörterungsverfahren (EÖV) soll -wie angekündigt- nicht mehr öffentlich und im Beisein aller Einwender und Sachbeistände durchgeführt werden. Wie bei den RBP-Verfahren zum Bergwerk Walsum und Bergwerk West zwischen 2001 bis

2002. Es scheint, als ob die Landesregierung die berechtigten Interessen der **Schadensträger** wie Kommunen, Eigentümer und Infrastruktur sowie die dauerhaften Schäden und das Risiko von Lebensraumverlusten durch Überschwemmungen nicht angemessen berücksichtigt.

Diese Interessenlage der ewig Betroffenen wird vom Gesetzgeber und der Politik in NRW sträflich vernachlässigt.

Aufruf: **"Wer sich dagegen auflehnt, kann verlieren. Wer jedoch nicht kämpft, hat bereits verloren!"**

Anmerkung:
Wenn schon die Gemeinschaft der potenziell von dem K+S-Vorhaben Betroffenen ihre Einwendungen rechtlich vorbringen kann, dann sollte ihnen auch das Recht zustehen, ihre Interessen durch Rechtsbeistände innerhalb der Gemeinschaft der Betroffenen zu vertreten. Besitzt ein gewinnorientierter Bergwerkbetreiber tatsächlich mehr Rechte als etwa 200.000 Betroffene, die dauerhaft das Risiko tragen und die Gefahren ertragen müssen?

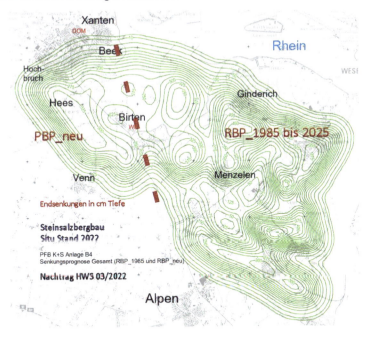

Senkungsprognose des Salzabbaus. Von K+S
Hier: der genehmigte Abbau weiter westlich der Plan
(derzeit -Nov. 2023- noch nicht genehmigt)

Konflikt: Salz-Bergbau unter Banndeich, Birten

Auswirkungen des Steinsalz-Bergbaus
unter Xanten-Birten Banndeich gem. RBP_1985 bis 2025
Keine Betonwand als Hochwasserschutzanlage !

**K+S
Planvorstellung
2025 bis 2050**

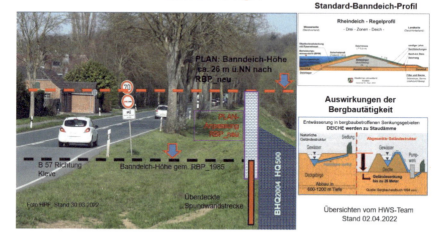

Übersichten vom HWS-Team
Stand 02.04.2022

Eine Betonwand ersetzt keinen Drei-Zonen-Deich in Xanten-Birten!

Xanten, 18.03.2022

Widerlegung der Argumente für eine Betonwand

Der Deichverband Duisburg-Xanten behauptet, es gäbe keinen Platz für die Errichtung eines gutachterlich bewährten Dreizonen-Deichkörpers, um die erforderliche Hochwassersicherheit des Polders zu gewährleisten. Darüber hinaus dürfe die **Polderkapazität** der Bislicher Insel von 50 Mio. m³ nicht verringert werden!

Hat der Deichverband aus den Verfahren der „**Walsum-Deiche**"
nicht gelernt, dass unter Bergbaueinfluss stehende Deiche
NICHT aus einem starren Material (Beton, 700m lang) gebaut
werden dürfen!

Anmerkung:

Zu den Zeiten der StUA (bis 2008) wäre das sicherlich nicht
passiert!

Als Alternative schlägt der Verband eine raumsparende Betonmauer von 750 Metern Länge und 2,5 Metern Höhe vor.

Wir haben die Angaben des Deichverbandes nachgerechnet:

Das Volumen eines Polders berechnet sich nach der Formel Länge x Breite x Pufferhöhe. Demnach beträgt das Volumen des Polders rund 100 Mio. m³ und nicht 50 Mio. m³. Es ist also durchaus Platz für einen Dreizonen-Deich entlang der B57!

Um Klarheit zu schaffen, haben wir die Bezirksregierung Düsseldorf um eine Stellungnahme gebeten.

__Technische Daten__ zur Speicherkapazität des Polders Bislicher Insel

Einstaufläche (max.) = 12 km², davon Naturschutzgebiet= 10,53 km²

PLAN-Volumen im Polder = __50 Mio. m³__

Einströmung über die Flutmulde (Einlassbauwerk):

Gerechneter Rhein-Wasserstand bei BHQ (Stkm 820) von 14.600 m³/s

entspricht einer Wasserspiegelhöhe von 23,04 m ü. NN.

Einlaufbauwerk/Flutmulde: Einlaufhöhe ab ca. 14 m ü. NN. ./. GW-Niveau

Rechnung: 23,04 m – 14 m = 9,04 m x 12 Mio. m² = rd. __108 Mio. m³__

(bei geschlossenem Auslauf-Bauwerk)

__Anspruch für einen Erd-Deich anstelle einer HW-Schutzmauer__

Dimensionierung und Flächenbedarf zur Verlängerung des RF-Deiches:

geschätzt: 700 m lang x 300 m breite Aufstandsfläche = 210.000 m²

Polderverlust danach = 9,04 m x 210.000 m² = rd. -2,0 Mio. m³

Die Antwort der Fachbehörde lautete:

"Diese Argumentation wird nicht kommentiert."

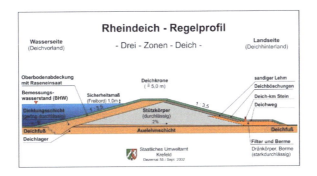

57

Soll der Niederrhein untergehen

Vortrag bei der Rheinkonferenz 2010 am 17.-19.11.2010

**„Im heutigen Zustand kommt es bei dem angenomme-
nen extremen Hochwasser am Niederrhein ab einem
Abflussbereich
zwischen 11.000 bis 16.000 m³/s
zu großräumigen Überflutungen."**

Horst Lenz,
nein Schul-
reund aus
Bottrop und
vertrauter
Wegbegleiter

Tjerk Miedema,
konstruktiver
Freund über
Jahrzehnte

„Wir haben kein Wissens-,
sondern ein Handlungsproblem!"

Einer Rheinwasserzuführung in das Rheinische Revier kommt auch unserer Forderung nach **Gerinneentlastung** näher.

Diese Vision im Lichte derzeitiger Erkenntnisse ist, dass die Tagebaue im Rheinischen Revier 2030 stillzulegen sind und danach mittels Rheinwasser deren Füllung und Wiedervernässung des Sümpfungsgebietes zu vollziehen ist.

Rhein-Konferenz in Bonn

Hochwasserschutz in Rheinkonferenz

Hans-Peter Feldmann, früherer Vorsitzender FBI in Xanten sowie für die Vereinigten Wählergemeinschaften Mitglied im Ausschuss für Umwelt und Planung des Kreises, ist über den Hochwasserschutz in die Politik gekommen. Bei der Internationalen Rheinkonferenz vom 17. bis 19. im und rund um den alten Plenarsaal in Bonn wird Feldmann nun die Gelegenheit erhalten, das Anliegen der Hochwassergemeinschaft Niederrhein ausführlich darzustellen. Der 68-Jährige wirbt seit Jahren für einen sogenannten Bypass, über den das Rhein-Hochwasser ab Neuss bis in die Nordsee nach Antwerpen abgeleitet werden könnte. Geschätzte Kosten von Planung und Bau: 50 Milliarden Euro. Das aber, so Feldmann, sei eben nur ein kleiner Teil der Schäden, die ein Rheinhochwasser am Niederrhein anrichten. würde. **HEINZ KÜHNEN**

„Am Niederrhein. Die gute Nachricht vorweg: Der Klimawandel wird den Niederrhein nicht in eine Wasserlandschaft verwandeln. Das sagte Thomas Maurer von der Bundesanstalt für Gewässerkunde auf der Internationalen Rheinkonferenz in Bonn

*Eine Abfuhr erhielt Hans-Peter Feldmann, Sprecher einer Hochwasserschutzinitiative aus Xanten. Seiner Forderung nach einem **Kanal-Bypass zwischen Neuss und Antwerpen** erteilte die Wissenschaftlerin eine Absage: „**Das wird derzeit nicht diskutiert.**" Großen Verbesserungsbedarf sah die stellvertretende Geschäftsführerin der IKSR allerdings bei der naturnahen Umgestaltung der Uferräume. „800 Kilometer haben wir uns bis 2020 vorgenommen, bisher erst knapp 100 Kilometer erreicht", so Schulte-Wülwer-Leidig.*

***Es ist schon bemerkenswert**, wenn eine renommierte IKSR-Vertreterin nicht unterscheiden kann zwischen ökologischen Zielen* längs des Rheinstromes und den Sicherheitsansprüchen vom mehr als 1,5 Mio. Menschen. **Insbesondere in Gebieten wo Bergbau stattgefunden hat. Es wird auch vergessen, dass nach der EU-Richtlinie Hochwasserrisiken zu vermeiden sind, Der Schutz sicherzustellen ist und VORSORGE zu betreiben ist. Und dass eine ganze Region ein Großschadensereignis zum Opfer fällt ist offenbar kein Thema! Von einem Paradigmenwechsel war wenig zu spüren."** Ende des Presseberichts

Der Altrhein bei Birten /
Ginderich am
27.07.2022: Senkungs-
folgen durch den Stein-
salzabbau.
Foto Privat

„Es ist nicht genug nur zu wissen,

es ist nicht genug nur zu wollen,

man muss es auch tun." (Goethe)

Rheinflut am 4.2.2021
Xanten, Rheinfähre
Foto Privat

-Übersicht-
Hochwasserschutz am Niederrhein

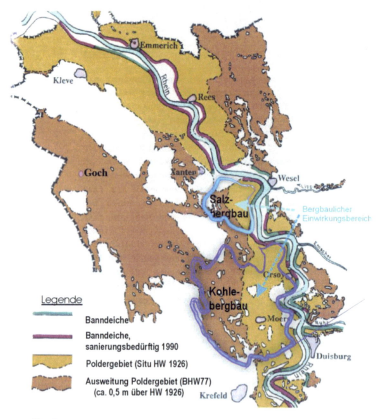

Quelle:
Generalplan- Hochwaserschutz am Niederrhein
Bericht des STAWA Düsseldorf 1990 (Kartenausschnitt mit HSV-N Ergänzungen)

Vor 30 Jahren war das Risiko bekannt.

Nach der Aktualisierung des BHW77 auf BHQ2004 vergrößert sich das Potenzielle Überflutungsgebiet (PÜG)

Derzeit, 2023, ist eine weitere Anpassung des Bemessungs-hochwassers geboten!

Begründung: Klimawandel, Meerwasseranstieg dadurch massive Anpassung der Deiche

Stellungnahme der Bezirksregierung Düsseldorf

Brüning BR vom 15. Mai. 1996
über die Erkenntnisse der letzten hohen Rheinabflüsse und über den Zustand der Hochwasserschutzeinrichtungen.

Betr.: „Organisation des Hochwasserschutzes am Niederrhein

„Zusammenfassend haben wir es mit einer Gemengelage einer zersplitterten, uneinheitlichen, konfliktträchtigen, schwer steuerbaren und fachlich überforderten Struktur bei unsolider Finanzierungsgrundlage und geringem Einfluss des Landes einerseits, dem in der Öffentlichkeit herrschenden Bild der Verantwortung der Kommunen und des Landes andererseits, zu tun.

Ohne eine durchgreifende und zügige Reform wird sich ein effektiver HW-Schutz nicht sicherstellen lassen, im Versagensfall stünden Kommunen und Land unabhängig von der Sach- und Rechtslage in der politischen Verantwortung."

HWS-Rundschreiben vom 29.04.2023
Klimawandel und seine Auswirkungen

Die Ignoranz gegenüber den Auswirkungen des Klimawandels kann für den bergbaubetroffenen, abflusslosen Siedlungs- und Wirtschaftsraum am linken Niederrhein zu erheblichen Problemen und Verderben führen.

Wer die Zusammenhänge versteht, die Hintergründe kennt und auf dieser Basis erklären kann, was passiert und warum, hat die Chance, gezielte Gefahrenabwehr zu betreiben.

In öffentlichen Verwaltungen fehlt oft ein Risikomanagement. Nach der EU-HWRM-RL reicht die Veröffentlichung von Risiko- und Gefahrenkarten allein nicht aus. Der **Wasser-Risiko-Check** von Köln und Duisburg für die bergbaubetroffenen Gebiete ist ein konsequenter Schritt zur Bewusstseinsbildung für jeden Bürger. Siehe auch unter "**Starkregenhinweiskarte NRW**"

Starkregen, wie er 2021 an der Ahr und im Sauerland aufgetreten ist, zeigt uns die Gewalt extremer Wassermengen.

Im Gegensatz dazu gleicht die Topographie des linken Niederrheins einer abfluss-losen Badewanne.

Banndeiche verhindern einen Abfluss von Stauwasser in den Niederrhein. Seit 1915 sichern **LINEG-Pumpen** permanent die **Siedlungsfähigkeit** über dem Berg-baueinwirkungsgebiet, indem das Grundwasser vorsorglich auf den VOR-Bergbau-stand abgesenkt und weitestgehend *nutzlos* in den Rhein „entsorgt" wird.

Dieses Verfahren darf in naher Zukunft nicht kritiklos beibehalten werden!

Es steht uns eine gewaltige Herausforderung bevor, da der Meeresspiegel in we-nigen Jahrzehnten extrem ansteigen wird. Dies führt zu einem Aufstau des Nieder-rheins und zu einem Anstieg des Grundwassers. Höhere Deiche sind aus Sicher-heitsgründen kaum noch realisierbar. Und dann stellt sich die Frage nach einer **Gebietsaufgabe**.

Über 100.000 Haushalte, Industriekomplexe und landwirtschaftliche Betriebe be-finden sich in einer potenziellen **Wasserfalle**.

Sollten tiefliegende Siedlungsgebiete aufgrund ihrer Unrettbar-keit nicht vorsorglich aufgegeben werden?

Sachkundige Bürgerinnen und Bürger sind zutiefst besorgt über die Defizite im Be-reich der VORSORGE zur SCHADENSVERHINDERUNG am bergbauinduzierten und abflusslosen linken Niederrhein.

Das linksrheinische Siedlungsgebiet birgt ein hohes Lebensraumrisiko. Im Ge-gensatz dazu sind die Richtlinien zum Schutz kritischer Infrastrukturen und zum vorsorgenden Katastrophenschutz im linksrheinischen Kreis Wesel völlig veraltet.

Solange die NRW-Landesregierung das **Prinzip der Eigenvorsorge** (insbeson-dere durch die Bergbaufolgen) zum Schutz vor Rheinhochwasser, Stauwasser etc. fordert, ist mit einem Paradigmenwechsel nicht zu rechnen.

Es gibt kein eigenes Ministerium für vernetzte **Infrastruktur** (aber eines für Hei-mat), und offensichtlich wird in diesem Bereich nicht in universitäre Forschung in-vestiert.

Unser ursprünglich im Jahr 2016 gestellter Bürgerantrag u.a. über die Beendigung feudaler und eigensinniger Ressentiments einer **hochwasserableitbaren schiffbaren Wasserstraße** vor den Ballungszentren des Niederrheins zu den westlichen Nachbarn diente zur Schließung einer **westeuropäischen Infrastrukturlücke**, Gerinneentlastung bei Abflussspitzen zur Schadensverhinderung m verletzlichen Niederrhein, sowie der Erschließung von mindestens 100.000 neuen Arbeitsplätzen entlang der vorgestellten Wasserstraße.

Hier eine **Kurzfassung des aktuellen Projekts** (mit Ergänzungen zur Projektvision von 2016):

• Unser Projektvorschlag wird aktuell (Stand 2022) durch das vorzeitige Ende der Braunkohle (ca. 2030) im Rheinischen Revier überlagert.

Für eine ständige technische Zuführung von Rheinwasser ist eine technisch betriebene ca. 20 km lange und 70 m breite (!) 3-fach-Rohrleitungs-Trasse geplant. Bislang fehlt eine Machbarkeitsstudie über einen „offenen und naturnahen" auch 70 m breiten Wasserweg mit vielseitigen naturnah sich anbietenden Nutzungsmöglichkeiten. (siehe unseren Vorschlag eines natürlichen Rheinwasserzulaufs)

• Der nicht mehr wegzuredende Klimawandel mit extremeren Abflüssen und Niederschlägen und einem real angekündigtem Meeresspiegel-Anstieg von bis zu 5 Meter bis zur Jahrhundertwende 2100 beeinflusst unser Gebiet.

• Die Auswirkungen zeigen sich durch eine Verschiebung der Küstenlinie, mit ernsten Auswirkungen auf das Abflussgeschehen zuführender Gewässer sowie einhergehend durch Anpassung schiffbarer Wasserwege und Hafenanlagen im westeuropäischen Raum.

• Dem tiefliegenden Niederrhein drohen existenzielle Folgen, die es für andere Siedlungs-/Gewerbegebiete in Deutschland/NRW nicht gibt. Leib und Leben von über 500.000 Menschen und unzählige Tiere sind betroffen.

Wir begrüßen es, wenn unser Projektvorschlag unter Einbeziehung der genannten Einflüsse einer fraktionellen Bewertung zugeführt wird. Carpe diem.

Liebe Leser, geben Sie den Start für eine ganzheitliche wissenschaftliche Studie in Auftrag die in einem Strategieplan zur Situationsbewältigung der Bergbau-Epoche(n) mündet. Geben Sie der Region eine Zukunftschance zum Überleben. Fazit: Keine Reaktion von der Politik.

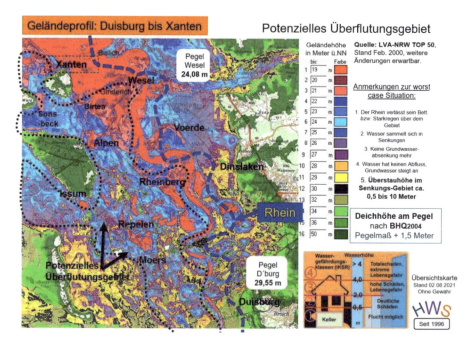

Vor allem geht es um den Schutz, den Bestand und die Sicherheit unseres Lebens-raumes.

Seit mehr als 100 Jahren wird über die Folgen des Untertagebergbaus durch Ab-senkung eines potenziellen Überflutungsgebietes und über dem zu Tage tretenden allem geht es um den Schutz, den Bestand und die Sicherheit unseres Lebensraumes. Seit mehr als 100 Jahren wird über die Grundwasser über das reale Lebens-raumrisiko unserer niederrheinischen Heimat diskutiert und argumentiert. Viele der Studien, Argumente und Ausblicke von Fachleuten hätten eigentlich den Akteuren die Augen öffnen müssen, denn sie sprechen den Verstand an und wären über die Jahre hilfreich gewesen sicherheitstechnische Belange zu verändern, wenn Ihre Argumente bei der Politik und den Behörden Anklang gefunden hätten.

Was macht die Gesellschaft so sicher, dass es in einem bergbaubetroffenen und abflusslosen Senkungsgebiet alles gut und sicher zu sein scheint? Unterschätzen Sie langfristige Entwicklungen nicht, wie den Klimawandel, denn das ist schon Anderen zum Verhängnis geworden!

Anscheinend liegt es in der **Mentalität des Menschen** erst dann umzudenken, wenn das Unvorstellbare zur bitteren Realität wird. (siehe die letzte Katastrophe 2021 an der Ahr, wo jetzt das Versagen der Behörden offenkundig wurde

NRZ vom 27.07.2023:

„Viele Deiche in NRW müssen saniert werden"

Sehr geehrter Minister Krischer,
wir (der HWS) schreiben Ihnen, um unsere Bedenken hinsichtlich des Hochwasserschutzes am Niederrhein zu äußern. Es scheint uns, dass die aktuellen Maßnahmen und Ankündigungen nicht ausreichen, um den Schutz der Bevölkerung vor Hochwasserereignissen zu gewährleisten. Daher bitten wir Sie um ein Gespräch, um unseren Standpunkt darzulegen und mögliche Lösungen zu diskutieren.

Seit den 90er Jahren beschäftigen wir uns mit dem Hochwasserschutz und der damit verbundenen Angst vor einer Überflutung ohne Abflussmöglichkeit des Stauwassers. Dies stellt eine reale Gefahr für Leib und Leben dar, die in Deutschland ihresgleichen sucht. Ihre jüngsten Äußerungen lassen darauf schließen, dass wichtige Arbeitsbereiche der EU-Hochwasserrisikomanagement-Richtlinie von 2007 auf dem Weg der Umsetzung sind. Wir würden gerne verstehen, was genau das bedeutet.

In den vergangenen 20 Jahren waren verschiedene Umweltminister für den Hochwasserschutz in NRW zuständig, darunter Klaus Matthiesen (1983-1995), Bärbel Höhn (1995-2005), Eckhard Uhlenberg (2005-2010), Johannes Remmel (2010-2017), Christa Schulze Föcking (2017-2018) und Ursula Heinen-Esser (2018-2021). Bis 2008 war das Staatliche Umweltamt in Krefeld für die fachaufsichtlichen Belange zuständig. Seit dessen Auflösung steht den ehrenamtlichen Deichverbänden nur noch externe Fachkompetenz zur Verfügung, was zu Verzögerungen und höheren Kosten geführt hat.

Ihre jüngsten Aussagen über den Zustand der Deiche und den ausstehenden Sanierungsbedarf haben uns etwas irritiert. Seit den 90er Jahren verfolgen wir diesen Themenkomplex mit großer Sorgfalt und haben daher ein umfangreiches Archiv von Studien und amtlichen Dokumenten sowie den dazugehörigen Schriftverkehr. Wir sind daher gut informiert und sprechen aus Erfahrung.

Wir freuen uns auf ein konstruktives Gespräch mit Ihnen und hoffen auf eine positive Antwort.

NRZ/dpa vom 22.11.2023: „Deichsanierungen ziehen sich hin"

Minister Krischer: „Nur sechs (6) von 44 Maßnahmen sind fertig!"

Verantwortung in deichgeschützten Gebieten

07.06.2013 Stellungnahme des NRW-Umweltministeriums zur HWS-Petition von *2013 an das Bundesministerium AZ WAI1-00025/0 (Auszüge):*

„Es trifft zu, dass das hiesige Landeswassergesetz weder dem Land, den Kreisen oder den Gemeinden eine Pflicht zur Errichtung von Deichen bzw. Hochwasserschutzanlagen zuweist. Das Landeswassergesetz regelt aber eine Pflicht zur Unterhaltung und Wiederherstellung von Deichen (§ 108 LWG) Unterhaltungs- bzw. wiederherstellungspflichtig ist der Erbauer des Deichs."

„Die Gründe für dieses Regelungskonzept sind darin zu sehen, dass der Schutz der Bevölkerung vor Hochwasser grds. durch die Gemeinden als Gebietskörperschaften sicherzustellen ist."

„Insgesamt ist festzustellen, dass es keine Defizite in Bezug auf Organisation und Verantwortung für die wasserwirtschaftlichen Aufgaben am Rhein in NRW gibt."

„Der Hochwasserschutz am bergbauinduzierten Niederrhein gilt <u>nicht</u> als „hoheitliche Aufgabe" und ist gesetzlich <u>nicht</u> geregelt! Historisch „eigenverantwortlich zuständig" sind Deichverbände, Kommunen und die Bewohner."

Deichgeschützte Bewohner sind beitragspflichtige Pflichtmitglieder im Deichverband! Gilt nicht durchgängig längs des Rheins in NRW!

Was geschieht, wenn Hochwasser/Starkregen den Lebensraum bedrohen:

a) Menschen/Tiere, wenn man nicht fliehen kann

Das ist eine sehr ernste und traurige Frage. Wenn Menschen oder Tiere in Gebieten leben, die von Hochwasser bedroht sind, sollten sie sich möglichst frühzeitig auf eine mögliche Evakuierung vorbereiten. Dazu gehört, wichtige

Dokumente, Medikamente, Lebensmittel und Wasser zu sichern, einen Notfallrucksack zu packen und sich über Flucht- und Rettungswege zu informieren. Außerdem sollten sie die aktuellen Wettermeldungen und Hochwasserwarnungen verfolgen und die Anweisungen der Behörden befolgen.

Wenn das Stauwasser so hochsteht, dass eine Flucht nicht mehr möglich ist, besteht die Gefahr, dass Menschen oder Tiere ertrinken, erfrieren oder von Krankheiten befallen werden. Um das zu vermeiden, sollten sie versuchen, einen höher gelegenen oder trockenen Ort zu erreichen, sich warm zu halten und Kontakt zu anderen zu suchen. Wenn sie ein Mobiltele-

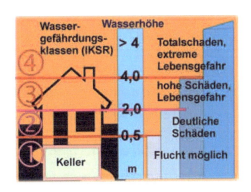

fon haben, sollten sie die Notrufnummer wählen oder um Hilfe rufen. Wenn sie ein Boot oder ein anderes schwimmfähiges Objekt haben, sollten sie es nutzen, um sich in Sicherheit zu bringen. Sie sollten aber nicht unnötig im überfluteten Gebiet herumfahren, da dies Wellen erzeugen oder Unterwasserhindernisse verbergen kann.

Leider gibt es keine Garantie, dass Menschen oder Tiere in solchen Situationen überleben können. Deshalb ist es wichtig, dass die Ursachen von Hochwasser bekämpft werden, wie zum Beispiel der Klimawandel, die Umweltverschmutzung oder die Zerstörung von natürlichen Schutzräumen wie Wäldern oder Feuchtgebieten.

b) **Umwelt, Gesundheit und Infrastruktur bereits bei leichter Überschwemmung:**

Infektionskrankheiten: Durch fäkal kontaminiertes Wasser können Erreger von Magen-Darm-Erkrankungen oder Hepatitis A übertragen werden. Das Risiko kann erhöht sein, wenn die Menschen in Behelfsunterkünften auf engem Raum zusammenkommen, wie z.B. während der COVID-19-Pandemie

Schäden an Gebäuden und Infrastruktur: Durch den Wasserdruck oder die Fließgeschwindigkeit können Gebäude, Straßen, Brücken oder andere Bauwerke beschädigt oder zerstört werden. Außerdem kann es zu Kurzschlüssen oder Ausfällen von Strom-, Gas- oder Wasserversorgung kommen

Erdrutsche und Hangrutschungen: Durch die Erosion oder die Sättigung des Bodens können Hänge oder Böschungen instabil werden und abrutschen. Dies kann weitere Schäden an Gebäuden oder Infrastruktur verursachen oder Menschen verschütten

Umweltverschmutzung: Durch das Hochwasser können Schadstoffe wie Öl, Chemikalien, Müll oder Abfälle aus Industrie, Landwirtschaft oder Haushalten in die Gewässer oder das Grundwasser gelangen. Dies kann negative Folgen für die Ökosysteme, die Trinkwasserqualität oder die Gesundheit der Menschen haben.

c) **Was folgt nach einer Überflutung?**

Eine Überschwemmung von Siedlungsgebieten kann schwerwiegende Folgen haben. Es kann zu Schäden an Gebäuden und Infrastruktur kommen, und in einigen Fällen können Menschenleben/Tiere verloren gehen.

Der Wiederaufbau nach einer Überschwemmung ist ein wichtiger Schritt, um die betroffenen Gemeinden wieder aufzubauen und ihnen zu helfen, sich von den Auswirkungen der Katastrophe zu erholen.

Die **Diakonie Katastrophenhilfe** hat eine Broschüre veröffentlicht, die sich mit dem Wiederaufbau nach dem Hochwasser in Deutschland im Jahr 2021 befasst. Die Broschüre zeigt Möglichkeiten des Wiederaufbaus nach der Hochwasser-Katastrophe auf und gibt Empfehlungen für die Renovierung von Bestandsgebäuden. Dabei wird auch der vorsorgende Wiederaufbau in den Fokus gerückt, um Häuser besser wiederaufzubauen und im Angesicht des Klimawandels auch auf zukünftige Hochwasser-Katastrophen vorbereitet zu sein.

Es gibt auch andere Faktoren, die bei einem Wiederaufbau nach einer Überschwemmung berücksichtigt werden müssen. Zum Beispiel müssen Gemeinden möglicherweise Umweltprüfungen durchführen, bevor sie an einem anderen Ort Wohn- und Nichtwohngebäude errichten.

Eine wirkliche Verbesserung beim Hochwasserschutz kann noch Jahre dauern.

Das Verbandsgebiet vom Deichverband Duisburg-Xanten

Niederrhein: Abflussbetrachtungen Risikogebiet: Bonn bis Krefeld

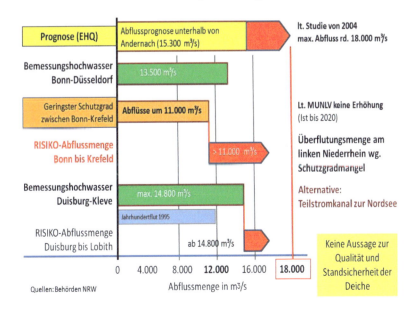

Neufestsetzung des Bemessungshochwasser des Rheins in NRW

Im Regierungsbezirk Düsseldorf vom 18.09.2003:

BHQ2004 am Pegel:

„Köln 13.600 m³/s, Düsseldorf 13.500 m³/s, Duisburg-Ruhrort 14.800 m³/s, Wesel 14.800 m³/s, Rees 14.700 m³/s. Emmerich 14.500 m³/s

Diese Werte sind unmittelbar verbindlich*. Zugleich wird hier-mit das 1977 festgelegte Bemessungshochwasser aufgehoben. Deichhöhe plus 1,0 bzw. 1,5 Meter!"*

Pegel-Tabelle zu BHQ2004
Wichtig für Bewohner: Wasserhöhen in Meter ü. NN

Pegel-Daten vom Niederrhein: Pegelhöhen, Wasserspiegelhöhen, Hochwasserlagen. Quelle: LANUV-NRW vom 26.07.2012; Bezug: BfG von 04/2011. HQ10, HQ100 und HQExtrem = Grundlagen II. EU-HWRMRL											HWS-Legende: 1) Skm= Stromkilometer 2) Wasserspiegelhöhe in m ü. NN 3) Abflussvolumen in m3/s P= Pegel in Meter über den 0-Pegel		

Basisdaten			HQ100		HQ200		HQ500		HQExtrem	
Pegel	Skm 1)	0-Pegel PNP 2)	Höhe 2)	V 3)	Höhe 2)	V 3)	Höhe 2)	V 3)	Höhe 2)	V 3)
Andernach	614	51,47	62,59 P11,12	11.850	63,05 P 11,58	12.670	keine Angaben		64.36 P 12,89	15.250
Bonn	655	42,66	53,66 P 11,00	11.700	54,15 P 11,49	12.720	54,79 P 12,13	14.000	55.41 P 12,75	15.300
Köln	688	34,97	46,25 P 11,28	11.900	46,72 P 11,75	12.900	47,32 P 12,35	14.200	47.80 P 12,83	15.300
Düsseldorf	744	24,48	35,28 P 10,80	12.000	35,73 P 11,25	12.900	36,33 P 11,85	14.200	36.81 P 12,33	15.300
DU-Ruhrort	781	16,09	28,08 P 11,99	12.400	28,54 P 12,45	13.400	29,14 P 13,05	14.800	29.55 P 13,46	15.800
Wesel	814	11,22	22,65 P 11,43	12.400	23,06 P 11,84	13.400	23,65 P 12,43	14.800	24.08 P 12,86	15.800
Rees	837	8,73	19,71 P 10,98	12.300	20,09 P 11,36	13.300	20,67 P 11,94	14.700	21.05 P 12,32	15.800
Emmerich	852	8,00	17,80 P 9,80	12.200	18,15 P 10,15	13.100	18,60 P 10,60	14.500	18.98 P 10,98	15.800

Aussage des Umweltministeriums vom 07.05.2013:

„Insgesamt ist festzustellen, dass es keine Defizite in Bezug auf Organisation und Verantwortung für die wasserwirtschaftlichen Aufgaben am Rhein in NRW gibt."
Aktenzeichen WA I 1-00025/0

Standpunkt der Bezirksregierung Düsseldorf vom 11. Jan. 2016:

Über die Umsetzung der EU-Hochwasserrisikomanagement-Richtlinie in NRW:

„Es liegt nun an den verantwortlichen Akteuren, die Belange des Hochwasserrisikomanagements zu beachten und entsprechende Maßnahmen im Rahmen der fachlichen und finanziellen Möglichkeiten umzusetzen."

Deichschutzverordnung (DSchVO)
Bezirksregierung Düsseldorf   54.04.01.00-DSchVO 2020

Ordungsbehördliche Verordnung zum Schutze der Deiche und sonstigen Hochwasserschutzanlagen im Regierungsbezirk Düsseldorf an Gewässern ers-ter und zweiter Ordnung und den mit ihren in Verbindung stehenden Schifffahrtshäfen einschließlich ihrer Verbindungsstrecken sowie beim Rhein auch der Rückstaubereiche von einmündenden Gewässern

vom 01. September 2020 (Auszüge)

§ 7
Unterhaltung

(1) Die Hochwasserschutzanlagen müssen jederzeit funktionsfähig sein und sind in geeigneter Weise zu unterhalten.

(2) Von Wühltieren bevorzugte deichstrecken sind besonders zu überwachen.

(3) Der Hochwasserschutzpflichtige hat auftretende Mängel oder Schäden unverzüglich sachgerecht zu beseitigen. Maßnahmen zur Beseitigung von erheblichen Mängeln oder Schäden sind in Abstimmung mit der Deichaufsicht durchzuführen.

(4) Der Hochwasserschutzpflichtige dokumentiert Feststellungen, Veränderungen und Mängelbeseitigungen im Statusbericht gemäß DIN 19712.

§ 10
Ordnungswidrigkeiten

(1) Ordnungswidrig nach § 123 Absatz 1 Nr. 27 LWG handelt, wer vorsätzlich oder fahrlässig gegen Gebote und Verbote dieser Verordnung verstößt oder Vorhaben ohne die erforderliche Genehmigung oder Befreiung ausführt. Ordnungswidrig handelt auch, wer die Unterhaltspflicht nicht erfüllt.

(2) Die Ordnungswidrigkeit kann mit einer Geldbuße bis fünfzigtausend Euro geahndet werden.

(3) Zuständig gemäß § 36 des Gesetzes über Ordnungswidrigkeiten ist die Bezirksregierung Düsseldorf

Aussage von der Bezirksregierung in Düsseldorf:

„Trotz jahrzehntelangen Sanierungsüberhang, trotz Nichteinhaltung der Richtlinien und unzeitgemäße Prüftechniken sind die Deiche – die Deichlinie- in NRW „sicher"!

Anmerkung:

„Dass die Studie von 2004 nur eine Abfluss-Sicherheit von 11.000 m³/s ausweist, das hat offenbar für Akteure der Landesregierung keine Bedeutung. Die Pflicht zur schadlosen Abflusssicherheit liegt seit 2004 bei 14.400 m³/s (BHQ2004 + Freiboard für Deiche)"!

Information der Bezirksregierung vor dem Regionalverband am 12.09.2013. Ein Beleg, dass doch nicht alles in Ordnung ist!

Gesamt-Vortrag unter: https://nr-feldmann.de/wp-content/uploads/2020/02/53PA_TOP8_Vortrag_Hochw.pdf

Auszug aus den offiziellen digitalen Risiko- und Gefahrenkarten NRW. (ohne Höhenprofil)

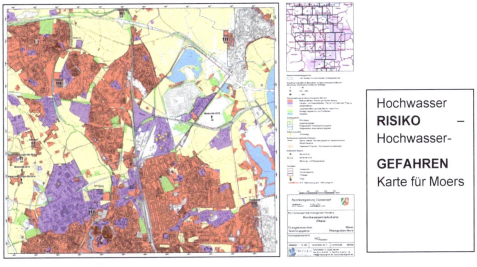

Hochwasser
RISIKO –
Hochwasser-

GEFAHREN
Karte für Moers

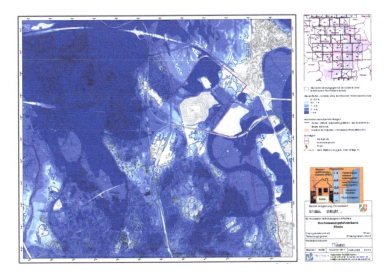

Die im Jahr 2007 veröffentlichte **EU-Hochwasserrisikomanagement-Richtlinie** (EU-HWRM-RL) hat einen klaren Weg aufgezeigt. Prof. Dr. Uwe Grünewald von der HWNG-Rhein kommentierte dies treffend mit den Worten:

„Alles soll besser werden, doch nichts darf sich ändern!"

Insbesondere im Hochwasserschutz spielen die Deichverbände eine wesentliche Rolle. Als Ehrenamtliche übernehmen sie wichtige Aufgaben zum Schutz vor extremen Rheinabflüssen. Der Staat scheint jedoch zunehmend auf das Prinzip **„Privat und Ehrenamt vor Staat"** zu setzen und sich damit der Verantwortung für den Lebensraum von mehr als einer halben Million Menschen zu entziehen.

Am Ende scheint der Staat oft bereit zu sein, die Bürger ihrem Schicksal zu überlassen (z.B. an der Ahr, wo sind die Verantwortlichen aus Politik und Verwaltung? Antwort: Im vorzeitigen Ruhestand. Bestätigung eines Miß-Managements!).

In den letzten Jahren hat es in vielerlei Hinsicht einen erheblichen Vertrauensverlust gegeben. Dies zeigt sich deutlich an fehlenden Innovationen, dem Umgang mit Humankapital, dem Zustand der Bundeswehr, dem Zustand von Straßen, Bahnen, Brücken und dem Schutz und der Sicherheit von Wasserläufen. Es lässt sich nicht leugnen, dass diese Zustände in großen Teilen als nicht mehr „gut" zu bezeichnen sind.

Leider zeigen die Tendenzen ein Bild einer immer schwächer werdenden Republik mit illustren Zukunftsvisionen, was viele unserer Nachbarstaaten kopfschüttelnd zur Kenntnis nehmen.

Liegt es daran, dass Richtlinien und Gesetze zur Vorsorge und Schadensverhinderung, zum Schutz der Lebensräume, zum Schutz für Leib und Leben und zur Sicherung staatlicher Aufgaben nicht befolgt oder sogar ignoriert werden? Dass der Staat das Konstrukt der Deichverbände nicht an moderne Anforderungen angepasst hat? Dass im Schadensfall Verantwortliche aus Politik und Verwaltung juristisch kaum haftbar gemacht werden können und dadurch ein gefühlter „rechtsfreier Raum" besteht? (Beispiele: Loveparade/ Hochwasser Ahr)

Im Gegensatz dazu zeigt der Staat im **Straßenverkehr** konsequent seine Gesetzesmacht anwendet und durchsetzt.

Es geht nicht nur um den Vertrauensverlust in einzelne staatstragende Strukturen, sondern auch um die Sorgfaltspflicht bei der Erfüllung sicherheitsrelevanter Aufgaben. Die Öffentlichkeit erwartet auch einen Nachweis über die aktuelle Sicherheit von Deichen und Poldern.

Derzeit gibt es keine öffentlich bekannte Strategie für den Umgang mit dem „Unvorstellbaren", wenn das im Bergsenkungsgebiet stehende Stauwasser (hinterströmtes Rheinhochwasser/Starkregen) bis zu 10 Meter und mehr über Flur steht (lt. NHWSP von 2013).

LESERBRIEF RP 30.11.06
Nur drei
Rettungsboote!?

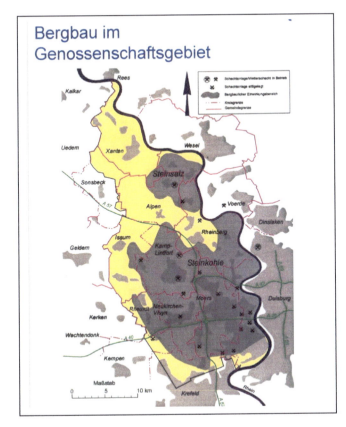

Bergbau im Genossenschaftsgebiet

Der derzeitige Katastrophenschutz ist bei einem real eintretenden Ereignis überfordert. Tausende Menschen und Tiere können nicht gerettet werden. Fluchtwege sind nicht ausgewiesen. Aus den Bergsenkungsmulden wird das „Stauwasser" nicht abfließen können da die Deiche wie Staudämme wirken und die LINEG dafür nicht ausgestattet ist. Und der Landrat sieht hinsichtlich des Katastrophenschutzes keinen Gesprächsbedarf für uns.

In Verkennung der Situation, dass u. a. das bergbaubetroffene Senkungs-gebiet unterhalb des Rheinwasserspiegels liegt, ist die öffentliche Reaktion der Bürgerinnen und Bürger und Wirtschaftsverantwortlichen nur so zu verstehen, dass sie glauben in einer „unproblematischen" Region zu leben.

Wir geben zu bedenken, dass bei einem weiter so, wie in den letzten Jahren, man den Ernst der Lage und das Lebensraumrisiko für unsere und den nachfolgenden Generationen weiterhin fahrlässig aufs Spiel setzt!

DIE LINEG: KOMPAKT

Quelle:
LINEG-Jahresbericht 2011
Kamp-Lintfort

1910-1915 Gründungsauftrag und Veranlassung:
Infolge der Bergbautätigkeit eintretende Vernässung der Siedlungsgebiete durch Geländeabsenkung

Die LINEG auf einen Blick

Gebiet und Niederschlagsmengen

Gebietsgröße (km²)	624
Niederschläge WWJ 2011 (mm)	719

Wasserläufe und Anlagen

Wasserläufe (km)	382
Vorflutpumpanlagen	78
Grundwasserpumpanlagen	185
Hochwasserpumpanlagen	14
Kläranlagen	9
Abwasserpumpanlagen	47
Regenbecken	52

Gewässerbeobachtung

Grundwassermessstellen	2267
Gewässerpegel	343
Messpunkte von Fremdbetreibern	524

Finanzen (in Mio. Euro)

Erfolgsplan	68,3
Vermögensplan	30,9
Beiträge (Abschlag und Abrechnung)	60,4
Abwasserabgabe	1,4

Personal

Mitarbeiterinnen und Mitarbeiter	324

● **Kläranlagen**
1 KA Xanten-Vynen
2 KA Xanten-Lüttingen
3 KA Labbeck
4 KA Rheinberg
5 KA Hoerstgen
6 KA Kamp-Lintfort
7 KA Friedrich-Heinrich
8 KA Moers-Gerdt
9 KA Rheinhausen

● **Pumpanlagen**
Wegen der Vielzahl der Anlagen sind diese nicht namentlich aufgeführt.

● **Grubenwasserbehandlungsanlagen**
10 Friedrich Heinrich
11 Rossenray

● **Zentrale Betriebsstätten**
12 Verwaltung
13 Zentrallabor
14 Werkstatt

LINEG-Verbandsgebiet
Aufgabe: Nivellierung des Grundwasserstandes und
der Gewässer aufgrund bergbaulicher
Geländesenkungen

Alte Pläne neu aufgelegt, Strukturwandel

Gerinneentlastung, Füllung der Tagebaue, Anschluss an Belgische Kanäle

Napoleons Kanal
...ochen berichten unsere Reporter täglich von uralten Legenden und gehei...
...Napolens Nordkanal, der eine Schiffsverbindung zwischen **Antwerpen u...**

Dissertation von Dr. Lina Schröder, Waxmann-Verlag 2017
Print-ISBN 978-3-8309-3568-1

Der Rhein-(Maas-)Schelde-Kanal als geplante Infrastrukturzelle von 1946 bis 1986 (Band 28)
Eine Studie zur Infrastruktur- und Netzwerk-Geschichte (Nordwesteuropas)

Universitäre Unterstützung für unserem Antrag zum Bundesverkehrswegeplan 2030. Frau Lina Schröder, Uni Du/E am 19.04.2016: Vermittlung von Zusammenhängen und Hintergrundinformationcn einer Kanalanlage

Was für ein Zufall!

Frau Lina Schröder arbeitete gerade an ihrer Dissertation über die bisherigen Bemühungen, den Niederrhein mit dem niederländischen Kanalnetz bis nach Antwerpen zu verbinden, als das Bundesverkehrsministerium den Bundesverkehrswegeplan für das Jahr 2030 aufstellte. Dies weckte unser Interesse im HWS-Team, da wir uns bemüht hatten, das Thema **Gerinneentlastung** zum Schutz der Niederrheinmetropole zur Diskussion zu bringen. Nach intensiven Gesprächen mit Herrn Hans-Joachim Berg, Vorstand Kreis Wesel, nahmen wir Kontakt zur Universität Duisburg-Essen auf und kamen so mit Frau Schröder in Kontakt. Ursprünglich sollte ihre Dissertation über einen aufgegebenen (toten) Kanal berichten. Aber es kam anders.

In der Einleitung zu ihrer Dissertation schreibt Schröder:

„Das Kanalprojekt Rhein Maas ist tot, es lebe der **Teilstromkanal Niederrhein-Maas-Schelde***!*

Mit diesem Kanal schließen wir eine Infrastrukturlücke durch ein integriertes Projekt zu unseren westlichen Nachbarn, zum Schutz von Umwelt und Klima, zur Daseinsvorsorge und Versorgungssicherheit einhergehend mit einem hohen gesamtwirtschaftlichen Nutzen.

Die hohe volkswirtschaftliche Bedeutung des Projektes ist unbestritten. Es bedarf politischer Verantwortung und Mut zur Durchführung!" **1)** *Dreißig Jahre nach dem Versiegen der Kanaldebatte über den Rhein-Maas-Kanal im Jahr 1985 sind diese Formulierungen einer erfassten Stellungnahme zur Öffentlichkeitsbeteiligung zum Entwurf des* **Bundesverkehrswegeplans 2030** *zu entnehmen.*

1) Feldmann, H.-Peter, Sprecher der HochWasserSchutz-Initiative und Infrastrukturschutz am Niederrhein (HWS): Stellungnahme zur Öffentlichkeitsbeteiligung zum Entwurf des Bundesverkehrswegeplan 2030."

Der Titel dieses Buches verweist auf die Forschungsanliegen: die Aufarbeitung der Historie des Rhein-Maas-Schelde-Kanals sowie die nachdrückliche Entwicklung der historischen Infrastrukturforschung. Im Zentrum letzterer steht das „Zellenmodell": Infrastruktur wird als Gefüge einer variablen Anzahl von Zellen interpretiert. Eine dieser Zellen ist die gescheiterte West-Ost-Magistrale Rhein-Maas-Schelde-Kanal, die Diskussionen hierzu umfassen vier Phasen: 1626–1838, 1839–1938, 1939–1963 und 1964–1985.

Wesentliche Diskussionsaspekte ab 1939 stellten einerseits die Abriegelung der ursprünglichen Nord-Süd-Verbindung Antwerpens zum Rhein im Jahr 1865/67 durch die Niederlande dar, die mit dieser Maßnahme zielgerichtet das belgische Nachbarland vom Handel über den Binnenwasserweg abschnitten. Andererseits fand zeitgleich zwischen den deutschen, belgischen und niederländischen Städten der Rhein-Maas-Region ein kontrovers geführter Interessenkonflikt um die Anbindung der eigenen Stadt an den Antwerpener Seehandel statt.

Nichts auf der Welt ist so mächtig wie eine Idee, deren Zeit gekommen ist." (Victor Hugo)

Unser Projektvorschlag (eingereicht am 28.04.2016) für den Bundesverkehrswegeplan (BVWP) 2016/2017 befasst sich mit einem ehrgeizigen, zukunftsorientierten und grenzüberschreitenden Projekt, das seit Generationen geplant und diskutiert wird. **Unser Ziel** ist es, den Wirtschaftsraum Niederrhein mit den belgischen Regionen und Nordseehäfen zu erschließen. Wir anerkennen die Bemühungen der Städte Aachen, Mönchengladbach und Neuss sowie Lüttich in Belgien und Maastricht in den Niederlanden, eine direkte schiffbare Verbindung zwischen Schelde, Maas und Rhein zu realisieren.

Unser Projektantrag, auch im Zusammenhang mit dem Antrag zum Bundesverkehrswegeplan 2030 vom 28.04.2016, zielt darauf ab, mehrere europäische Ziele durch ein Anschlusskanalstück auf deutscher-niederländischer bzw. deutscher-belgischer Seite zu erreichen:

- Europäische hydrologische Belange: Hochwasser, Überflutungen durch Grundwasseranstieg sowie Abflusshemmnisse durch bergbauliche Senkungen und klimabedingten Meerwasseranstieg von bis zu 5 Meter bis zur Jahrhundertwende.
- Europäische Umwelt- und Naturschutzpolitik: Verschlechterung unseres Lebensraumes.
- Werbung für ein gemeinsames Umwelteuropa durch ein grenzübergreifendes Infrastrukturprojekt.
- Infrastrukturelle Belange: Beseitigung von Infrastrukturlücken durch den Ausbau westeuropäischer Wasserstraßen - Orientierung auf eine weltweite Zunahme des Süd-West-Verkehrs.
- Versorgungssicherheit, logistische Belange: Überlastung der Verkehrssysteme, Umrüstung der Antriebstechnik."

Mit Schreiben vom 26.07.2017 werden wir vom Bundesverkehrsministerium (BVMI) wie folgt informiert:

> Ein Ausbaubedarf für eine „schiffbare Anbindung des Niederrheins an das belgische Kanalnetz" liegt nicht vor. Im Rahmen der Bundesverkehrswegeplanung ist weder von Seiten der Länder, der Binnenschifffahrt noch von anderer Seite ein begründetes Interesse an einer solchen Verbindung geäußert worden. Für den BVWP 2030 wurde auch kein entsprechender Projektvorschlag angemeldet.

Obschon im Vorfeld Studien für die Folgenutzung gelaufen sind, ist es offensichtlich bis zum BVMI nicht vorgedrungen, dass ein Anschluss an den Rhein unumgänglich ist!

Die Entscheidung sollte überprüft werden!

Unser Resümee zum politischen Handlungs(un)willen bezüglich der erbetenen Machbarkeitsstudie zum „Integrierten" Wasserstraßenprojekt vom 28.04.2016 konzentriert sich auf folgende Punkte:

Extremhochwasser darf den Niederrhein nicht erreichen! Wir sehen die Nutzung der Gerinneentlastung als integrierte Chance zur überregionalen Braunkohle-Tagebaufolgenutzung für ein vernetztes grenzüberschreitendes Infrastrukturgebiet.

Strategische und infrastrukturelle Ansätze:

Es fehlen integrierte Infrastruktur-Visionen zum Braunkohleförderende in der Rheinischen Bucht.
Unsere Ziele sind zukunftsfähige Jobs durch den Anschluss an die belgischen Wasserstraßen, Hinterlandanbindung zum Hochseehafen Antwerpen und ein zentraler Frachtflughafen für die Metropole Köln-Düsseldorf.

Gerinneentlastung zum Daseinsschutz der Niederrheinmetropole: Wir suchen Lösungen für wasserwirtschaftliche Fragen u.a. zum Grundwasserschutz, Grundwasseranstieg und Überschwemmungsschutz.
Verweigerung des Staates bei der Zuständigkeit für den Lebensraumschutz am überschwemmungsgefährdeten bergbaubetroffenen und abflusslosen linken Niederrhein.

Die Verweigerung eines Status „Kritische Infrastruktur" für den überschwemmungsgefährdeten bergbaubetroffenen linken Niederrhein.

Lobbyismus behindert Staatsziele: Ein wirtschaftsstarkes und umweltgerechtes soziales Europa kann nur durch einen ganzheitlichen Ansatz entwickelt werden.

Die Verletzlichkeit der am Niederrhein ansässigen Unternehmen und Siedlungen und der vernetzten Infrastrukturen unterliegen einem Hochwasser-, Bergbau- und Klimarisiko.

Mangelhafte Wartung und Pflege verursachen umfängliche Nutzungseinschränkungen der Verkehrssysteme.

Das **Bergrecht** regelt nicht die Ewigkeitsfolgen der Rohstoffgewinnung auf die betreffende Topografie, die Wasserwirtschaft, die Infrastruktur und die Wertminderung des Eigentums.

Ein Lehrstuhl für Infrastrukturgeschichte fehlt an deutschen Hochschulen, um der zunehmenden Vernetzung einzelner Infrastrukturen Herr zu werden.
Fehlendes politisches Engagement erhöht den Einfluss fremder Mächte auf die deutsche und europäische Wirtschaft und der vernetzten Infrastruktur."

Ewiger Traum: der Rhein-Maas-Kanal   NRZ 17.09.20

Ewiger Traum

Schon die Römer wollten Rhein und Maas verbinden. Aber ein Kanal wurde nie fertig gestellt. Für einen Bau sprachen wirtschaftliche Gründe, am Niederrhein wurde auch der Hochwasserschutz ins Feld geführt.

Im Sommer vor 70 Jahren hatte es die Idee auf die internationale Staatsebene geschafft. Nachzulesen in der Kölnischen Rundschau vom 25. Juli 1950. In der damaligen Bundeshauptstadt Bonn empfing Bundesverkehrsminister Hans-Christoph Seebohm den belgischen Minister für öffentliche Arbeiten, Professor A. Coppé. Ihr Thema: ein Kanal zwischen Rhein und Maas.

Schon die Römer unter Kaiser Claudius, vielleicht sogar auch Karl der Große, sollen von einer Verbindung zwischen beiden Flüssen geträumt haben.

Später versuchten der spanische König Phillip II., der französische Kaiser Napoleon und auch der preußische König Friedrich II., den Plan umzusetzen – sowohl die Fossa Eugeniana von Rheinberg nach Venlo als auch der Grand Canal du Nord von Neuss nach Venlo wurden nie vollendet.

Im Zuge der Industrialisierung im 19. Jahrhundert wurden solche Überlegungen wieder aufgegriffen, um 1860 herum konkreter. Ziel war eine möglichst kurze Verbindung der Berg- und Stahlbauregionen zu schaffen, sprich zwischen dem Ruhrgebiet und dem Aachener Revier sowie dem Raum um Lüttich und Maastricht.

Dabei wurde immer eine Verlängerung bis zur Nordsee mitgedacht, namentlich die Anbindung des Überseehafens in Antwerpen.

Während heutzutage der Güterverkehr auf der Schiene umgesetzt (Betuwe-Linie) oder immer noch diskutiert wird (Eiserner Rhein), wurde damals der Transport über Wasser favorisiert: mit Hilfe von Schleppkähnen, die von Dampfschiffen gezogen wurden.

In den Archiven in Aachen, Düsseldorf oder Köln sind Entwürfe in verschiedensten Varianten einzusehen. Es gab Vorschläge für Strecken von Krefeld über Kempen bis Venlo, von Neuss über Mönchengladbach bis Roermond, von Köln oder Wesseling über Aachen bis Lüttich – und weiter bis zur Küste.

Interessant und lesenswert: Im Internet ist eine Doktorarbeit von Wilhelm Warsch aus Viersen zum Thema einzusehen, die Dissertation an der Uni in Bonn stammt aus dem Jahr 1920.

Und noch immer ist der Traum von einem Kanal zwischen Rhein und Maas bis zur Schelde nicht ausgeträumt. Die Historikerin Lina Schröder legte vor drei Jahren ihre Doktorarbeit darüber vor.

Anlass dafür war für sie die Diskussion am Niederrhein über den Hochwasserschutz. Ein weiterer Grund, der für den Bau eines Kanales zwischen Rhein und Maas ins Feld geführt wird,

bislang aber bloß auf regionaler Ebene – anders als im Sommer vor 70 Jahren. pia

Doktorarbeit von Wilhelm Warsch im Internet: www.peacepalacelibrary.nl/schel-de/058215301.pdf. Doktorarbeit von Lina Schröder „Der Rhein- (Maas-) Schelde-Kanal als geplante Infrastrukturzelle von 1946 bis 1986", Waxmann-Verlag, Münster, 380 Seiten, 39,90 Euro.

Heimat am Niederrhein   Herbst 2020

Fünf Länder, ein Wirtschaftsraum: Die Karte zeigt Transportwege an Rhein und Maas, inklusive der Mosel – bis zur Nordsee. FOTO: POHL/ WINTZ / GESCHICHTSVEREIN JÜDEGGEN.

RWE

30.10.2020

Dr. Frank Weigand
Vorstandsvorsitzender

HochWasser- und Infrastrukturschutz-
Initiative am Niederrhein
z.Hd. Herrn H.-Peter Feldmann
Zur Wassermühle 45

46509 Xanten

Essen, 26. Oktober 2020

Wasserstraße Rhein-Maas

Sehr geehrter Herr Feldmann,
sehr geehrte Damen und Herren,

vielen Dank für Schreiben vom 29.09.2020, in dem Sie um weitere Verbündete für
Ihre Vision von einer Wasserstraße vom Rhein zur Maas werben.

Es ist auch für mich eine durchaus interessante und nachvollziehbare Vorstellung,
man würde einen Kanal vom Rhein zur Maas anlegen und damit eine wiederholt
aufgeworfene und wiederholt zu den Akten gelegte Idee umsetzen. Die meisten
großen Infrastrukturprojekte, seien es Fernstraßen, Flughäfen oder eben Schifffahrtskanäle, haben schon vor Baubeginn einen jahrzehntelangen Vorlauf. Sie würden ohne
die kontinuierliche Unterstützung durch engagierte, ausdauernde Sprecher aus
Öffentlichkeit und Politik wohl nicht zustande kommen. In diesem Sinne mein Respekt
für Ihr beharrliches Verfolgen der Idee vom Rhein-Maas-Kanal!

Ich kann ebenso gut verstehen, dass Sie Synergien mit dem absehbar auslaufenden
rheinischen Braunkohlenbergbau und seiner Verpflichtung zur Wiedernutzbarmachung suchen. So fragen Sie sich zu Recht, ob sich aus der Notwendigkeit, Wasser
vom Rhein für die Befüllung der Tagebauseen zu nutzen, nicht ein Vorteil für Ihr
Projekt ableiten lässt.

Sie hatten zu dem Thema bereits vor einigen Jahren Kontakt zu meinen Kollegen in
der Tagebauplanung. Es ist richtig, dass Sie die damals verfügbaren Daten und
Fakten in Bezug auf Ihr Projekt unter dem Licht der neuen energiepolitischen
Weichenstellungen aktualisieren möchten. Der vorzeitige Ausstieg aus der Braunkohle
führt jedoch dazu, dass sich die angedachten Synergien zwischen Wiedernutzbarmachung und Kanalbau nicht ansatzweise abzeichnen. Dies liegt vor allem daran,
dass ein derartiges Kanalbauprojekt nicht innerhalb der für die Wiedernutzbarmachung der Tagebaue zur Verfügung stehenden Zeit umgesetzt werden kann.
Durch den beschlossenen Kohleausstieg wird das Ende des operativen Tagebau-
betriebs deutlich vorgezogen und damit beginnt auch die Wiedernutzbarmachung
früher.

Durch den Kohleausstieg werden somit insbesondere die Wassermengen für den Tagebau Hambach aus dem Rhein früher als geplant benötigt. Die Restmulde des Tagebaus Hambach soll ab etwa 2030 befüllt werden, also rund zwei Jahrzehnte früher als ursprünglich geplant. Für den Bereich Garzweiler wird ab ca. 2030 Rheinwasser als Ersatz-, Ausgleichs- und Ökowasser für die nördlich gelegenen Feuchtgebiete sowie nach Beendigung der Braunkohleförderung ab 2039 für die Seebefüllung erforderlich.

Um das fürs Abbaufeld Garzweiler zu ermöglichen, ist bereits eine Trasse landesplanerisch festgelegt worden. Dazu wurde auf unseren Antrag hin der Braunkohlenplan Garzweiler II „Sachlicher Teilplan Sicherung einer Trasse für die Rheinwassertransportleitung" aufgestellt und am 17.06. dieses Jahres genehmigt.

Für die nunmehr vorzuziehende Befüllung des Hambacher Tagebausees ist es sinnvoll, die vorgenannte Trasse kapazitiv zu erweitern und von ihrem Endpunkt eine geeignete Trasse zur Restmulde des Tagebaus Hambach zu finden. Eine gänzlich neues Konzept, wie Sie es mit dem Kanal in Erwägung ziehen, ist angesichts der knappen Zeit, das heißt mit einer Betriebsfertigkeit bis zum Jahr 2030, nicht umsetzbar.

Bitte haben Sie Verständnis dafür, dass wir unsere vorrangige Aufgabe im Rheinischen Revier darin sehen, das im Sommer beschlossene Gesetz über den Kohleausstieg jetzt in konkrete operative Maßnahmen umzusetzen. Die Region und damit die Menschen an Erft, Rur und Inde sollen sich auch weiterhin darauf verlassen können, dass wir alles tun, um unsere drei Tagebaue verantwortlich zu betreiben und geordnet zu Ende zu führen.

Wir werden die in Anspruch genommenen Abbaubereiche auf der Grundlage abgestimmter Planungen und behördlicher Genehmigungen so entwickeln, dass sie auf Generationen nachhaltig nutzbar sind. Der Begriff „nutzbar" erstreckt sich dabei nicht nur auf wirtschaftliche Betätigung, sondern auch auf die Erholungsnutzung, die Biodiversität und die Einbindung erneuerbarer Energieträger. Auf diese Weise unterstützen wir den Strukturwandel der Region maßgeblich. Darauf konzentrieren wir uns, das ist der Auftrag der Gesellschaft an das Unternehmen RWE Power im Rheinischen Revier.

Vielen Dank für Ihr Verständnis.

Mit freundlichen Grüßen

Frank Weigand

RWE I

Berichte aus Köln

Rhein-Erft: Schifffahrtsverbindung durch Tagebau Hambach?

Ein Schifffahrtsweg vom Rhein bei Köln durch den Tagebau Hambach bis nach Belgien: Diese Vision soll das Land als Projekt für den Strukturwandel im Rheinischen Revier prüfen. | **mehr**

Anspruch des Rheinischen Reviers nach Abbauende 2030

Fotos Privat. Blick vom Rand des Hambach Tagebaus

Der Tagebau Hambach ist der größte von der RWE Power AG betriebene Tagebau im Rheinischen Braunkohlerevier und die größte Braunkohlegrube Europas. Er betrifft die Gemeinden Niederzier, Kreis Düren, und Elsdorf, Rhein-Erft-Kreis.

HWS-Öffentlichkeitsbeteiligung am Braunkohle-Ausstieg

HWS-Schreiben vom 27.03.2021 an div. Entscheidungsträger in NRW

Neue Leitentscheidung für das Rheinische Revier:

Fokus auf die wasserwirtschaftliche Zukunft

Ich möchte Ihre Aufmerksamkeit auf die wasserwirtschaftliche Zukunft des Rheinischen Reviers lenken. Es besteht die Befürchtung, dass die notwendigen Maßnahmen zur Wiederherstellung natürlicher wasserwirtschaftlicher Zustände nicht ausreichend berücksichtigt werden.

Die anstehenden Aufgaben sind:

- Wiederherstellung wasserwirtschaftlicher Rahmenbedingungen
- Schnellstmögliche Auffüllung der Tagebaumulden mit Rheinwasser
- Wiedervernässung des Sümpfungsgebietes

Es ist unbestreitbar, dass die Landesregierung NRW trotz ihrer Bekundungen zur Öffentlichkeitsbeteiligung die Anregungen und Empfehlungen aus zahlreichen Stellungnahmen nicht ausreichend berücksichtigt hat. Insbesondere das federführende Wirtschaftsministerium scheint vorrangig ökonomische Belange im Blick zu haben.

Obwohl dies für die wirtschaftliche Entwicklung notwendig ist, fehlen Ansätze zur Wiederherstellung eines ursprünglichen, wassergeprägten Lebensraums. Die vorgeschlagene Rohrleitungstrasse zur Füllung der beiden Tagebaue und zur Wiederdurchnässung des 5.000 km² umfassenden und 500 Meter tiefen Sümpfungstrichters scheint hierfür nicht ausreichend.

Die aktuelle Leitentscheidung lässt den Eindruck entstehen, dass grundlegende wasserwirtschaftliche Belange auf spätere Generationen verschoben werden. Es stellt sich die Frage, ob der Landtag Einfluss auf die Entscheidungen des CDU/FDP geführten Landeskabinetts vom 23.03.2021 hat und ob alternative Strategien zur Rheinwasserzuleitung wissenschaftlich geprüft wurden.

Die Betroffenen erwarten Antworten und Lösungskonzepte. Ist eine erneute Leitentscheidung für das Rheinische Revier notwendig?

HWS-Vision: Der Rhein-Maas-Schelde-Kanal (RMS-K)

Seit Generationen ein Plan

"Der Kanal zügelt den Niederrhein,
schützt Rhein-Metropole vor Hochwasserschäden,
lässt das Rheinische Revier aufblühen,
verstärkt den Traum vom starken Europa!

Ist das UTOPIE?
Blockaden im Rheinischen Revier auflösen

Ein **naturnaher Wasserweg** von Dormagen zum Tagebau Garzweiler II (und weiter nach Hambach) wird selbst vom RWE-Vorstandsvorsitzenden, **Herrn Dr. Frank Weigand**, als „interessant und nachvollziehbar" bezeichnet. Warum sollte die Verwirklichung eines offenen Wasserweges bis zum Stilllegungszeitpunkt 2030 nicht möglich sein?

Es stellt sich die Frage, welcher strategische Grund dafür besteht, dass die sogenannte Rohrleitungstrasse bis 2030 „betriebsfertig" sein soll, wenn nach dem Ausräumen/Rückbau des Tagebaus erst etwa 2040(?) mit der Flutung begonnen werden kann?

Anfang 1996 wurde das "**Konzept für einen nachhaltigen Hochwasserschutz in Nordrhein-Westfalen**" auf den Weg gebracht. Mit einem Bündel von Maßnahmen können Lösungen einzeln oder in Kombination, aber immer ortsbezogen umgesetzt werden. Es ist wichtig, diese Vorgaben zu berücksichtigen und in die Planung einzubeziehen.

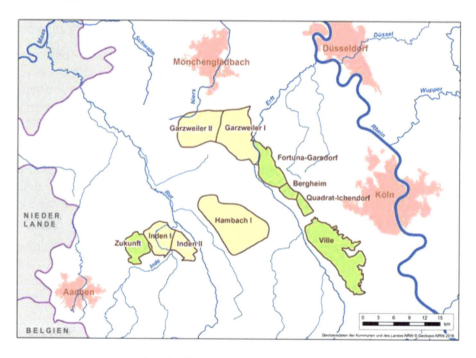

Lageplan der Tagebaue im Rheinischen Revier

Rhein-Kreis Neuss prüft Kanal-Verbindung zur Maas

Befürworter kritisieren die Landesregierung. **NGZ 30.10.2020**

DORMAGEN (schum) Der Vorstoß der Hochwasser- und InfrastrukturSchutz-Initiative am Niederrhein (HWS) für eine Rhein-Maas-Kanal-Verbindung von Dormagen bis nach Antwerpen stößt auf Interesse. Von einem „durchaus interessanten Vorschlag" spricht der Pressesprecher des Rhein-Kreises Neus, Benjamin Josephs. Das Schreiben, das die HWS in der vergangenen Woche an Landrat Hans-Jürgen Petrauschke gerichtet hat, werde „eingehend und ergebnisoffen geprüft", so heißt es. Auch Bürgermeister Erik Lierenfeld hat ein Schreiben erreicht. Wie die Meinung des Rathaus-Chefs dazu ist, ist noch unklar, er will sich urlaubsbedingt dazu in der nächsten Woche äußern.

Die Initiative will eine Machbarkeitsstudie für eine Kanalverbindung von Dormagen an die Maas. So könne per Schiff Frankreich und vor allem der bedeutende Seehafen Antwerpen erreicht werden. Stattdessen ist vorgesehen, dass ab 2030 mit Wasser aus dem Rhein der so genannte Restsee des Braunkohlentagebaus Garzweiler in Grevenbroich aufgefüllt werden. Dafür plant RWE Power eine 24 Kilometer lange unterirdische Rheinwasser-Transportleitung von Dormagen über Rommerskirchen bis Grevenbroich-Frimmersdorf. Für den Bau wurde ein 70 Meter breiter Trassenkorridor festgelegt. „Die beabsichtigte Lösung von Rohrleitungen nach Garzweiler ist falsch", sagt Initiativen-Sprecher H.-Peter Feldmann. „Die Lösung für die Braunkohleproblematik hat keine Auswirkungen auf die Infrastruktur."

Auf ein ablehnendes Schreiben von NRW-Ministerin Ursula Heinen-Esser reagierte HWS. „Sie dürften versichert sein, dass wir mit Blick auf historische Planungen für einen schiffbaren Wasserweg vom Rhein zur Maas, die Jahrzehnte dauernde Auffüllung der Tagebaue mit Rheinwasser mittels eines offenen Wasserweges und nicht über eine von der RWE geplanten Rohrleitungstrasse von Dormagen nach Garzweiler II erfolgen sollte."

Feldmann: „Zwischenzeitlich haben wir Verantwortliche im Rheinischen Revier sowie die Öffentlichkeit über die Chancen nach Ende des Braunkohleabbaues informiert. Erste Erkenntnisse zeigen uns, dass derzeitige Landesplanungen als nicht zukunftsförderlich gesehen werden." Die CDU-geführte Landesregierung müsse sich endlich bewegen und eine Machbarkeitsstudie beauftragen, fordert die in Xanten ansässige Initiative.

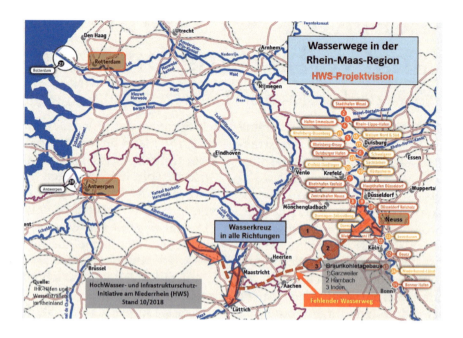

**Nichts auf der Welt ist so mächtig wie eine Idee,
deren Zeit gekommen ist."** (Victor Hugo)

Ein fast schleusenfreier Wasser-Verkehrsweg nach Westen bietet zahlreiche Vorteile wie gleichmäßig strömender Wasserstand, Entlastung des Güterverkehrs von Straßen und Bahn, keine Wochenpausen, Hafenhinterlandanbindung und dient als ein naturnaher und nachhaltig nutzbarer Verbindungsweg zu den westlichen Wasserstraßen in Europa.

Der Schutz der Rheinmetropole wird durch Hochwasserschutzmaßnahmen wie Gerinneentlastung bei Extremabflüssen und Nutzung der Braunkohletagebaue als Hochwasserspeicher gewährleistet. Diese dienen auch als Speicher für die Gerinneentlastung des Rheins.

Infrastrukturelle grenzüberschreitende Entwicklungschancen umfassen die Entlastung von Rhein-Ballungsräumen, den Aufbau eines Fracht-Großflughafens und die Schaffung von über 100.000 neuen Arbeitsplätzen als Ausgleich für das Ende der Braunkohleförderung. Zudem werden gewässerbegleitende Infrastrukturen, Klima- und Umweltschutz gefördert.

Die Nachsorge der Braunkohletagebaue beinhaltet Maßnahmen zum Grundwasser- und Gewässerschutz sowie zur Gebietsstruktur-Entwicklung in Richtung der Nachbarländer. Zudem dient das Gebiet als Erschließungsgebiet für Freizeitaktivitäten.

Die EU-Ziele beinhalten das Zusammenwachsen der Länder in wirtschaftlicher, kultureller Hinsicht und im Bereich des Fremdenverkehrs. Zudem wird die Reduzierung von Verletzlichkeiten kritischer Infrastrukturen angestrebt.

Unser Hauptanliegen bei der Beteiligung am Bundesverkehrswegeplan 2030 war es, eine Lösung zu finden, die verhindert, dass Extremabflüsse des Rheins das hochgefährdete Gebiet des Niederrheins erreichen. Diese Vision wurde durch eine wissenschaftliche Untersuchung gestärkt, die sich mit den Gründen für die Nichtumsetzung einer historischen Rheinanbindung an Maas und Schelde befasste. Insbesondere Aachen, Neuss und Krefeld zeigten ein besonderes wirtschaftliches Interesse an diesem Projekt.

Mit dem Ende der Braunkohlegewinnung im Rheinischen Revier im Jahr 2030 müssen die Tagebaue Hambach und Garzweiler mit Rheinwasser gefüllt und dauerhaft versorgt werden, um ein wasserwirtschaftliches Gleichgewicht im Grundwasserkörper zwischen Niederrhein und Maas zu gewährleisten. Ob diese Chance genutzt wird, ist noch unklar.

Die Frage einer ewigen Rheinwasserzuleitung mittels Technik und dauerhaften Energieaufwand ist mehr als fragwürdig. Die Hauptverantwortung für die Wiederbefeuchtung des Gebietes und die Sicherstellung des Wasserhaushalts zwischen Niederrhein und Maas liegt bei der Landesregierung, nicht bei RWE im Rahmen des Berggesetzes.

Doch, geht das nur mit technischen Mitteln und hohen energetischem Aufwand für alle Zeit?

Darf man „gutes" Wasser so behandeln?

Ein Jahrhundert-Projekt?
Das sollte vom nationalen Interesse sein!

Ein weiterer Aspekt, der zu beachten ist, besteht darin, dass es keine Wasserstraße gibt, die die Metropolen am Niederrhein mit den Kanälen in Belgien/Frankreich und dem niederländischen Hinterland verbindet.

Findet dieser Vorschlag Unterstützer bei der Landesregierung?

*Das Rheinische Revier benötigt dauerhaft Rheinwasser. Wenn statt der Rohrleitungstrasse ein stromaufwärts höher gelegener Zuleitungsanschluss ein **natürliches** Fließgefälle verspricht.*

Wir empfehlen die Durchführung einer Machbarkeitsstudie!

Angesichts der aktuellen politischen Diskussionen über gemeinsame europäische Werte und Ziele in einigen europäischen Mitgliedsstaaten möchten wir auf die Dissertation von Frau Dr. Lina Schröder hinweisen, die im Mai dieses Jahres veröffentlicht wurde. Ihre Arbeit zeigt deutlich, dass das grenzüberschreitende Projekt "Rhein-Maas-Schelde-Kanal" (RMSK), das seit mehreren Generationen intensiv geplant und diskutiert wird, immer darauf abzielte, den niederrheinischen Wirtschaftsraum mit den belgischen Regionen und Nordseehäfen zu erschließen.

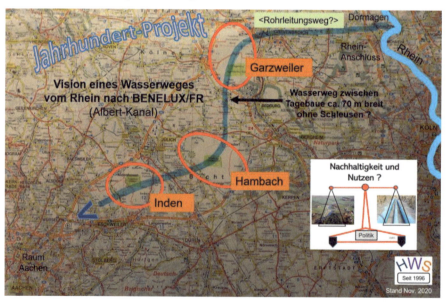

Umwelttechnische Aspekte wurden damals jedoch nicht berücksichtigt. Das Projekt RMSK kann unserer Meinung nach nicht nur zur Erreichung klimapolitischer Ziele beitragen, sondern auch zur Demonstration europäischer Stärke. Die Initiative für

Hochwasser- und Infrastrukturschutz am Niederrhein (HWS) behauptet, dass mit einer Maßnahme mehrere Probleme angegangen werden können:

- Europäische hydrologische Belange – Hochwasser, Überflutungen durch Grundwasseranstieg.

- Europäische Umwelt- und Naturschutzpolitik – Verschlechterung unseres Lebensraumes.

- Werbung für ein gemeinsames Umwelteuropa durch ein grenzübergreifendes Infrastrukturprojekt

- Beseitigung von Infrastrukturlücken durch den Ausbau westeuropäischer Wasserstraßen befasst sich mit Themen wie Versorgungssicherheit, logistischen Belangen und der Entlastung bestehender Verkehrssysteme.

In ihrer Dissertation hat Schröder nicht nur den historischen Hintergrund dieses Projektes, insbesondere für die Zeit von 1946–86, herausgearbeitet, sondern auch das "infrastrukturelle Zellenmodell" vorgestellt. Dieses Modell bietet erstmals ein systematisches Instrumentarium zur Analyse und Erklärung der Funktion, Realisation bzw. des Scheiterns infrastruktureller Einrichtungen im Gesamtgefüge.

Aus der Diskussion um den Rhein-Maas-Schelde-Kanal (RMSK) wurde deutlich, dass das Projekt hauptsächlich am mangelnden Konsens der damaligen Akteure scheiterte. Die damalige Diskussion konzentrierte sich ausschließlich auf wirtschaftliche Aspekte, insbesondere den Kohlentransport. Heute liegen jedoch vollständig andere ökonomische Bedingungen vor. Unsere Initiative betrachtet das Projekt daher weniger unter wirtschaftlichen als vielmehr unter ökologischen Gesichtspunkten, die seinerzeit überhaupt nicht diskutiert wurden.

Wir bitten Sie daher, unsere Argumentation, die dem Zeitgeist entspricht, bei der Entscheidung zu unserem Petitionsantrag zu berücksichtigen. Leider wurde dies vom bayerisch geleiteten Bundesverkehrsministerium nicht berücksichtigt. Eine Neubewertung des Projektes könnte in Form eines Gutachtens auf der Basis von Schröders Zellenmodell erfolgen. Dieser Ansatz rückt die Realisation und Modulation infrastruktureller Zellen auch politisch in einen ganz neuen Kontext.

Es ist bemerkenswert, dass die NRW-Regierung sich nicht einmal für die Verwirklichung einer Rheinanbindung an das belgische Kanalnetz eingesetzt hat.

Die Dissertation hat dies ans Licht gebracht! Ein **RMS-Kanal** wäre im Vergleich zum bayerischen **Main-Donau-Kanal** mit 16 Schleusen, einer Länge von 171 km und einem zu überwindenden **Höhenunterschied** von 243 m deutlich wertvoller.

Kritik an den Renaturierungsplänen für das Rheinische Revier

Die Leitentscheidungen zur Renaturierung des Rheinischen Reviers (RR) nach dem geplanten Ende der Braunkohlegewinnung sind lediglich Absichtserklärungen.

Es fehlen konkrete Maßnahmen, um die Ziele zur Renaturierung wirksam zu erreichen. Insbesondere da es weltweit keine vergleichbaren Beispiele für eine Renaturierung in diesem Ausmaß gibt.

Die größte Unsicherheit besteht in der Wiedervernässung des Rheinischen Reviers (Gebiet des Sümpfungstrichters) in einen nutzbaren Raum für Menschen.

Die Qualität des zukünftigen Grundwassers (zwischen Rhein und Maas) muss dabei oberste Priorität haben.

Es besteht die Befürchtung, dass die notwendige Kompetenz für diese Aufgabe in Deutschland nicht vorhanden ist. Die Landesregierung überlässt die Verantwortung gemäß den Vorgaben des Bundesberggesetzes der RWE, ohne sicherzustellen, dass alle notwendigen

> Es scheint wenig Sinn zu machen, Argumente für den Erhalt der Schutzgüter vorzubringen, wenn die politische Elite nicht in der Lage ist, im Rahmen der Wasserschutzgesetze, das Bundesberggesetz (speziell für den Niederrhein) zu ändern.

Maßnahmen ergriffen werden. Das Bundesberggesetz, das noch aus föderaler Zeit stammt, berücksichtigt nicht die nachhaltigen Folgen für die zukünftige Nutzung und Daseinsvorsorge. Eine Petition zur Durchführung einer **Machbarkeitsstudie** vom 13.10.2021 /16.11.2021 wurde vom NRW-Petitionsausschuss als nicht erforderlich eingestuft und daher abgelehnt.

Geländeprofil-Übersicht Bonn bis Dormagen
Vision zur natürlichen Rheinwasser-Zuleitung
zu den Tagebauen Hambach & Garzweiler

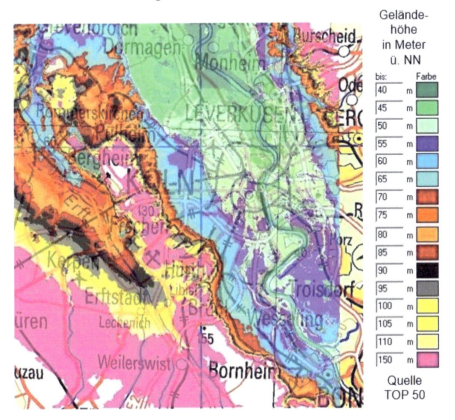

Gelände-
höhe
in Meter
ü. NN

bis:		Farbe
40	m	
45	m	
50	m	
55	m	
60	m	
65	m	
70	m	
75	m	
80	m	
85	m	
90	m	
95	m	
100	m	
105	m	
110	m	
150	m	

Quelle
TOP 50

Anmerkung zum Protokoll der ZKR-Zentralkommission für die Rheinschifffahrt vom 29.05.2019: *„Bei Wasserentnahmen aus dem Rhein
von über einem Zentimeter Höhe wird die Berufsschifffahrt beeinträchtigt."* Dagegen argumentiert der HWS, dass diese Feststellung jen-
seits der Realität ist.
Siehe unter: https://www.nr-feldmann.de/wp-content/uploads/2023/03/Proto-
koll-14-Bem.pdf

Das sollte von nationalem Interesse sein!
Eine Zuwegung von Rheinwasser auf natürlichen Weg.

Kopie von der Staatskanzlei NRW vom 17.04.2019.

Sehr geehrter Herr Feldmann,

Herr Ministerpräsident Armin Laschet dankt für Ihr Schreiben vom 27. März 2019, mit dem Sie erneut Ihr Anliegen zum Neubau eines schiffbaren Kanals zwischen dem Niederrhein und dem belgischen Kanalnetz vortragen. Herr Ministerpräsident hat mich gebeten, Ihnen zu antworten.

Ihr erneutes Schreiben belegt Ihr großes Interesse an einem Ausbau der Wasserstraßeninfrastruktur. Gleichwohl muss ich Ihnen mitteilen, dass sich seit unserem Briefwechsel vom Herbst 2017 keine neue Sachlage ergeben hat, im Gegenteil: Die Sanierungs- und Ausbaubedarfe der nordrhein-westfälischen Bundeswasserstraßen sind unverändert akut. Angesichts dieser Situation, die in den nächsten Jahren mit höchster Priorität nachhaltig verbessert werden muss, für Neubauprojekte zu werben, ist verkehrs- wie auch wirtschaftspolitisch nicht zu vertreten.

Zu Ihrem Vorschlag zur epochenübergreifenden, interdisziplinären Erforschung der Infrastruktur-Geschichte möchte ich Ihnen mitteilen, dass die Freiheit von Forschung und Lehre in Deutschland durch Artikel 5 grundgesetzlich geschützt ist. Die Wissenschaftlerinnen und Wissenschaftler suchen und bearbeiten ihre Forschungsthemen frei und eigenständig. Darüber hinaus gewährt das Land Nordrhein-Westfalen auch seinen Hochschulen eine weitgehende Autonomie. Diese entscheiden beispielsweise selbst über die Einrichtung von Lehrstühlen oder Professuren und deren fachliche Ausrichtung.

Abschließend möchte ich Sie daran erinnern, dass die maßgeblichen Entscheidungen über den Ausbau des deutschen Kanalnetzes auf der Ebene der Bundesregierung getroffen werden. Vor diesem Hintergrund und angesichts der bereits ergangenen ausführlichen Antworten, bitte ich um Verständnis, dass wir in der Zukunft zu Ihrem Anliegen nicht erneut Stellung nehmen möchten.

Mit freundlichen Grüßen
Im Auftrag

Bernd Gorschlüter

WDR-Bericht vom 27.11.2020:

„See-Pläne für NRW-Braunkohlegebiete

„2038 (2030) kommt der Ausstieg aus der Braunkohle in NRW. Das klingt lange hin. Doch was dann? Daran wird schon jetzt gearbeitet. Ein Plan: Seenlandschaft statt Tagebaue.

Heute Tagebaue. In Zukunft vielleicht ein Strandbad der Stadt Elsdorf? Der Bürgermeister hat schon konkrete Pläne für seine Stadt.

Bürgerinitiative Buirer für Buir sieht zu viele Risiken. Die Berechnungen und Pläne von RWE sind zu alt. Die Folgen des Klimawandels und Niedrigwasser des Rheins sind nicht berücksichtigt.

RWE hält dagegen. Wir haben langjährige Erfahrungen. Wichtig ist, dass die Böschungen dauerhaft sind um somit die Löcher mit Wassergefüllt werden können.

Drei Tagebaue im Rheinischen Revier könnten in den nächsten Jahrzehnten geflutet werden. **Hambach, Garzweiler und Inden**. *Geht es nach den Planern, sollen die Tagebaue Hambach und Garzweiler auch gleichzeitig mit Rheinwasser gefüllt werden.*

Für den Rhein hätte das Folgen: **Der Flusspegel könnte um zwei Zentimeter sinken und das hätte dramatische Auswirkungen auf die Schifffahrt auf dem Rhein,** *heißt es aus dem NRW-Wirtschaftsministerium.*

Darüber müsse man in den nächsten Jahren auch mit den zuständigen Behörden reden, sagt Alexandra Renz, Landesplanerin im NRW-Wirtschaftsministerium. Sie hält alles für lösbar – und für sie liegt die größte Hürde in den nächsten Jahren darin, diesen Prozess mit allen Beteiligten gut zu organisieren."

Kommentar des Autors:

Auch wenn der Zufluss aus dem Rhein bei ca. 20m³/s betragen soll, ist die Füllung der Tagebaue einschließlich einer Wieder-Durchfeuchtung des gesümpften Gebietes kritisch zu sehen.

Die **Wasserqualität** wiederverfüllter Tagebaumulden liegt (bekannterweise) bei pH-Werten bei 2,5 bis 3,5. Ist reich an Eisen und Sulfat, bedingt durch den Schwefelgehalt der Braunkohle und der sie umgebenden Erdschichten der bis zu **500 Meter** tiefen Tagebaue. Die Lausitzer Tagebaue haben dagegen eine Tiefe von ca. 40 Meter.

Dort wo die (neuen) Seen Kontakt zum umliegenden Grundwasserkörper haben, sind weitere Wasserressourcen beeinträchtigt und gefährdet. Für den Niederrhein und darüber hinaus, stellen sich neue schwerwiegende dauerhafte Umweltprobleme dann ein.

Die strategischen Voraussetzungen zur Renaturierung des Rheinischen Reviers sind derzeit nicht erfüllbar!

Der Grund dafür ist, dass der Zufluss von Rheinwasser mit 4,2 m³/s (neu bei 20 m³/s) laut ZKR-Beschluss vom 29. Mai 2019 zur Erfüllung wasserwirtschaftlicher Erfordernisse nicht ausreichend ist. Sollte es zur Durchführung der geplanten Doppelrohrtrasse ab 2025 kommen, dann sind wasserwirtschaftliche Probleme und Risiken für den Raum zwischen Niederrhein und Maas für folgende Generationen zu erwarten.

Wir halten die Planvorgaben für das Projekt "Zuleitung von Rheinwasser ins Rheinische Revier (RR)" seitens der ZKR, laut Protokoll 14, strategisch, wasser- und gesamtwirtschaftlich gesehen für unangemessen. Aktuell wird derzeit von einer Zuleitung von rund 20 m³/s ausgegangen.

Wir zitieren gerne die Position der RWE, wenn der **Vorstandsvorsitzende Dr. Frank Weigand** uns schreibt: *"Auch uns ist bewusst, dass die Zuleitung von Rheinwasser eine der Kernfragen für die Renaturierung des Rheinischen Reviers ist. Rekultivierung ist schließlich das, was bleibt, und das soll nachhaltig sein."*

Hinsichtlich einer Rheinwasserentnahme ist es der Zentralkommission für die Rheinschifffahrt (ZKR) unbenommen eine Position einzunehmen, die möglicherweise für die Berufsschifffahrt hinderlich sein könnte.

Uns trägt die Sorge, dass eine Ableitung von Rheinwasser in das Rheinische Revier (RR) in einer Größenordnung von bis zu 20 cbm/s auch deshalb als "unbedeutend" zu sehen ist, dass selbst im unterem Abflusszenario (also zwischen dem maximalen Tiefpunkt NQ (464 cbm/s) und MQ (2.120 cbm/s) des Rheins (bei Düsseldorf) im Rahmen der allgemeinen Nutzungsmöglichkeit des Rheinstromes für die Berufsschifffahrt liegt.

Es ist uns nicht begreiflich, dass bei der Planung der "Rohrleitungstrasse von Dormagen bis zum Tagebau Garzweiler II", derartige Eckdaten der ZKR nicht einer fachtechnischen Überprüfung unterzogen wurden. Hatte man die Umweltfolgen durch eine minimale Rheinwasserzuführung als zu gering eingeschätzt, die jetzt durch die Überarbeitung der "Leitentscheidung 2021" einer Korrektur bedarf?

Wir hoffen, dass die Verantwortlichen die Zeit nutzen, um sicherzustellen, dass zum Zeitpunkt des Förderendes von Braunkohle im RR auch eine angemessene Rheinwasserzuleitung zum RR existiert. Andererseits ist zu befürchten, dass durch die wasserwirtschaftlichen Abhängigkeiten es zur Verschiebung des Förderendes kommt **und selbst nach Fördereinstellung die Sümpfungsmaßnahmen weiter gehen müssen!**

Rheinisches Revier, Leitentscheidung 2021: Faktenresistenz?

Die Bedenken bezüglich der Leitentscheidung 2021 und der geplanten Rheinwassertransportleitung (RWTL) sind nachvollziehbar. Es ist unbestreitbar, dass Wasser ein lebenswichtiges Element ist und die Art und Weise seiner Zuführung eine zentrale Rolle bei der Renaturierung des Rheinischen Reviers spielt.

Die Genehmigung der RWTL durch die Bezirksregierung Köln bezieht sich lediglich auf die Füllung des Tagebaus Garzweiler II. Es bleibt unklar, wie der größere Tagebau Hambach mit Rheinwasser gefüllt werden soll, insbesondere wenn diese Maßnahme zeitversetzt erfolgen soll, wie in der Leitentscheidung 2021 vorgesehen.

Darüber hinaus gibt es keine klaren Aussagen darüber, wie die Füllung des Tagebaus und das gesümpfte Gebiet technisch mit ökologisch "gutem" Rheinwasser zu erfolgen hat. Die von der Bezirksregierung Köln genehmigte RWTL mit einer Förderleistung von maximal 20 m³/s scheint nicht ausreichend, um die wasserwirtschaftlichen, strukturpolitischen und ökologischen Grundbedürfnisse der Garzweiler-Region zu erfüllen.

Es ist zu bedenken, dass eine voreilige Entscheidung für die RWTL weitreichende negative Auswirkungen auf die Leitentscheidungen 2021 haben könte. Daher erwarten wir, dass die Entscheidung zugunsten der konzipierten Rohrleitungstrasse aufgehoben wird. Andernfalls scheinen die in der Leitentscheidung 2021 festgelegten Qualitäts- und Zeitvorgaben nicht erfüllbar zu sein.

Das Rheinische Revier steht vor entscheidenden Veränderungen die wohlbedacht sein sollten:

Uns treibt die Sorge, dass die Herausforderungen zum Ausstieg aus der Braunkohlen-Gewinnung mit Blick auf die Renaturierung des Rheinischen Revieres (RR) an den derzeitigen Planungsgrundsätzen und Abhängigkeiten zu scheitern drohen. Der Schlüssel liegt bei der Art der Zuführung, die regionale Verteilung, die Sicherung des Zuflusses und die Wahrung zeitgemäßer Qualitätsnormen in wasserwirtschaftlicher Hinsicht.

Entscheidend sind Strategien wie logistisch und umfänglich Rheinwasser zu Verfügung gestellt werden kann. Um eine drohende Kontamination durch Auswaschungen wasserschädlicher Stoffe verhindert werden kann.

Blickrichtung vom „**Vater Rhein**" hier „seine" Ausführungen:

„Mit großem Interesse lese ich die Ausführungen in der Leitentscheidung 2021 (LE) und dass mein Wasser nicht nur der Wirtschaft und dem Meer

nutzen wird. Jetzt soll es als Lebenselixier für Millionen Menschen dienen, die sonst kein sauberes Grund- und Trinkwasser hätten und ein karges Leben führen müssten. Eine blühende Infrastruktur ist dann auch nicht vorstellbar.

Wie so oft, hat man mir geschichtlich gesehen Freiheiten und die Bioqualität genommen, die Folgen sind euch bekannt.

Jetzt will man mich in Rohre pressen, mir und meinen biologischen-Begleitern die Luft zum Atmen nehmen. Haben die Menschen keine Freude an einem über 20 km langen natürlichen Geläuf ohne Schleusen? Will man mich nicht mehr sehen und zur Lebens- und Landschaftsgestaltung nutzen? Sie ignorieren u.a. meine Lebenswichtigkeit, meine Energie, die Verfügbarkeit und Nutzungsvielfalt.

Ein Raum von ca. 10.000 Mill. cbm soll mittels „pisseliger" Rohrleitungstrasse „gewässert" werden. Dazu braucht man mich, um einen bio-qualitativen Wasserhaushalt im Großraum am linken Niederrhein für alle Zeiten, lt. LE, zu erreichen. Will das RR nicht schneller und mehr Wasser von mir haben, um eine Kontamination mit dem zudringlichen Grundwasser zu verhindern?

Jetzt, so ist zu vernehmen, wollen die Planer von mir die 4 bis 5-fache Wassermenge gegenüber der aktuell geplanten 4,2 cbm/s haben. Ich frage mich, ob eine Förderkapazität von rd. 20 cbm/s über eine Länge von mehr als 20 km per Rohrleitungstrasse praktikabel umweltfreundlich und lösbar ist.

Ist das nicht logistischer Wahnsinn? Ich mach mir keine Sorgen wegen des dafür erforderlichen Energieaufwandes da mein Selbstverständnis eine andere Lösung empfehlen würde, die auch eines hochintelligenten Landes würdig wäre.

> *PS: Was bedeutet den Menschen mehr, Stillstand beim Abbau oder die Sorge um die Zukunft dank meiner Hilfe?"*

Die Sorgen von Vater Rhein teilen wir und wünschen, dass er in seinem Bett bleibt.

Offener Brief vom 02.05.21: **Risiko Grundwasserneubildung**

Es wird nicht genug getan, wenn das Land NRW das Braunkohlegebiet nach dem BBergG vom Unternehmen in den 2030er Jahren nur "abwickeln" lässt. Dabei soll mit energieaufwendiger technischer Methodik Rheinwasser durch Rohrleitungen, rund 24 km weit zu den Tagebauen geführt werden, um auch das Sümpfungsgebiet wasserwirtschaftlich in den Naturzustand zurückzuführen.

Diese Aufgabe ist komplex, langwierig (ewig) und entspricht nicht dem umweltpolitischen Zeitgeist. Sie erhebt nicht den Anspruch auf eine lebendige und naturgerechte Rheinwasserspende über viele Jahrzehnte, wenn nicht dauernd. Weshalb ist das kein Handlungsthema bei der Zukunftsagentur Rheinisches Revier?

Andererseits stellt das Rheinische Revier ein Bindeglied zwischen den Rheinmetropolen und den westlichen EU-Ländern dar, welches durch das Bergbaugebiet unterbrochen war. Dieser Umstand, besser diese Chance zur Schließung einer Infrastrukturlücke, die sich durch den Abschied vom Braunkohleabbau in einer Dynamik vollzieht, ist einmalig in Deutschland/Europa.

Die Hauptaufgabe besteht in einer äußerst zügigen Rheinwasser-Zuführung in die Tagebaue Garzweiler II und Hambach sowie zur Durchwässerung des 5.000 qkm großen und bis zu 500 Meter tiefen Sümpfungstrichters zur Wiederherstellung eines ökologisch angepassten Grundwasserspeichers.

Wir unterstützen die Forderung nach schnellstmöglicher Füllung der Tagebaue, in 60 Jahre oder besser in 40 Jahren. Stimmen die Voraussetzungen in Bezug auf das Beharren der Landesregierung an der Technologie einer Rohrleitungstrasse für alle Zeiten? Wir sind besorgt, dass das strategisch und rationell nur einer Aufgabe, dem Wassertransport, dient. Die entscheidende Frage ist, wie soll der Aufbau des Grundwasserspeichers, ohne in die Gefahr der Versauerung zu geraten, vonstattengehen?

Der dabei entstehende Kontakt mit den angeschnittenen nicht abdichtbaren Grundwasserleitern, verbleibenden Flözen und diversen geologischen Schichten erzeugt Auswaschungen wasserlöslicher Stoffe. Die die Qualität des Grundwassers am linken Niederrhein auf Dauer beeinflussen werden.

Inwieweit über das Nadelöhr, die Rohrleitungstrasse, nach Garzweiler II. 130 Mio. m³/a und nach Hambach mit 270 Mio. m³/a geleitet werden können ist strategisch fraglich. Die Rheinwasserspende muss höher sein! Auch um den Druck des einströmenden Grundwassers aus dem Umland entgegenzuwirken.

Frage: Nach Ende der Sümpfung besteht Wasserknappheit für Haushalte und Infrastrukturen im Rheinischen Revier. Wann können 2,5 Mil. Bewohner auf "eigenes", sauberes Grundwasser zugreifen?

Datenlage zur Rheinwasser-Nutzung: Maximale Förderkapazität der geplanten Rohrleitungstrasse: rd. 130 Mio. m³/a Gesamt-Füllmenge der beiden Tagebaue nach -Ende (?): rd. 7.500 Mio. m³ Wiederauffüllung des Sümpfungstrichters, Pflege der Wasserflächen etc.: „Dazu haben wir keine Angaben."

Unter Annahme dieser Datenlage sind mindestens 57 Jahre zur Füllung der Tagebaue einzuplanen. Wann das gesümpfte Gebiet dann "durchnässt" ist, kann nicht ausgeführt werden.

Fazit: Allein mittels der genehmigten Rohrleitungstrasse, mit einer Förderkapazität von VMax = 4,2 m³/s oder auch 20 m³/s, lassen sich die erforderlichen Rheinzuflussmengen, auch wegen drohender Kontaminierungen, nicht erreichen.

Darauf basierende politische, infrastrukturelle und wirtschaftlichen Maßnahmen würden sich gegebenenfalls um Jahrzehnte verschieben. Die Natur und 2,5 Millionen Bürger müssten länger als 60 Jahre auf einen zeitgemäßen und würdigen Lebensraum, auf eigenes Wasser, warten.

Empfehlungen: Das Abflussregime des Rheins ist nachhaltiger zu nutzen, indem auf höhere alternative/natürliche Rheinwasser-Überleitungsmöglichkeiten sich verständigt wird.

Auf unbestimmte Dauer wird Rheinwasser im Rheinischen Revier benötigt. Eine technische und energieintensive Rheinwasserüberleitung ist nicht die Lösung. Auf unbestimmte Dauer wird Rheinwasser im Rheinischen Revier benötigt. Eine technische und energieintensive Rheinwasserüberleitung ist wider die Natur, nicht flexibel nutzbar und für längere Nutzung nicht geeignet.

Kein Braunkohle-Ende um jeden Preis!

Risiko Grundwasserneubildung
Beschreibung der Petition an den Landtag NRW vom 13.10,2021: **Rettet das Rheinische Revier mit ausreichend Rheinwasser.** Sorge um sauberes Trinkwasser zwischen Rhein und Maas. **Beschreibung:** Vorbergbauliche Grundwasserverhältnisse werden sich durch eine restriktive Rheinwasserentnahme-Strategie NICHT erreichen lassen. Der hydraulische Mechanismus des geplanten Grundwasseranstiegs wird nicht durch Priorisierung des Rheinwasserzulaufes erfolgen.

Zum Schutz des Klimas soll der Abbaubetrieb der Rheinischen Braunkohle-Tagebaue Garzweiler II und Hambach 2030 beendet werden. Zur deren Füllung mit einer rd. 60 qkm großen Seefläche werden (Stand 2017) rd. 8.000 Mio. cbm Rheinwasser benötigt. Weiterhin ist ein rd. 5.000 qkm großes gesümpftes Gebiet zwischen Rhein und Maas derart wieder zu vernässen, dass eine Kontamination mit trinkwasserschädlichen schwefelsauren Stoffen wie Eisen, Sulfat sich nicht bildet.

Es gilt strategisch vorzusorgen, dass sich der bis zu 500 Meter Tiefe zu bildende lebenswichtige Grundwasserspeicher im Großraum zwischen Rhein und Maas eine Wasserqualität bekommt, die die Versorgung von mehr als 5 Mio. Menschen auf Dauer sicherzustellen hat.

Der aktuelle Plan von NRW/RWE sagt über die Strategie nichts aus, wie über die (geplante) Befüllzeit der Tagebaue von ca. 40 (?) Jahren eine angemessene Wasserqualität - das nachweislich - erreicht werden kann. Die Zeit drängt. Mit der Herstellung der Rohrleitungstrasse soll bereits 2025 begonnen werden.

Kein Vertrauen in die Strategie der Landesregierung:

Zu kritisieren ist die zu lange Füllzeit der Tagebaue mit der Forderung zur Wiedervernässung des gesümpften Gebiets durch eine zu geringe Rheinwasserzuführung und somit die Verhinderung einer Kontaminierung durch Vermischung mit trinkwasserschädlichen Stoffen.

Das vorgesehene Abbauende von Braunkohle ist abhängig vom Zeitpunkt ab wann eine sichere Strategie zur Rheinwasser-Zuführung besteht. **Und sukzessiv die Sümpfung zurückgefahren werden kann.**

Die Verwendung einer unterirdisch verlaufenden Druck-Doppelrohrtrasse von je 1,4 Meter Durchmesser und 24 km Länge hat nur eine begrenzte Kapazität und Nutzung. Eine dafür notwendige Trassenbreite liegt bei 70 Meter, die keine Überbauung zulässt.

Die Machbarkeit eines offenen und natürlichen Wasserwegs für eine dauerhafte Rheinwasser-Überleitung mit vielerlei Nutzungen wurde nicht untersucht.

WASSER ist LEBEN

„Keine Experimente im Rheinischen Braunkohle-Revier, grenzüberschreitend im Großpolder zwischen Niederrhein und der Maas."

HWS: „Verantwortung und Sicherheit für weitere Generationen in NRW - Eine Maßnahme zur staatlichen Daseinsvorsorge und Verantwortung für Renaturierungsmaßnahmen zum Nutzen von Umwelt und Natur."

Nachtrag zur Petition: Die Bedeutung wasserwirtschaftlicher Rahmenbedingungen für die Renaturierung des Rheinischen Revieres ist unbestritten. Siehe Leitentscheidungen 2021.

Wir vermissen jedoch eine wissenschaftlich verlässliche Strategie über das WIE. Wie diese Ziele gemäß der Leitentscheidung 221 verlässlich für weitere Generationen erreicht werden können. Daher ist eine wissenschaftlich begründete Machbarkeitsstudie erforderlich, die bereits mit der Entnahme von Rheinwasser zu beginnen hat.

Reaktion auf die Ablehnung unserer Petition für den R-M-S-Kanal:

Die Ablehnung der Petition für den R-M-S-Kanal hat uns zum Nachdenken angeregt. Es gibt Bedenken, dass die Argumente des Petitionsausschusses nicht ausreichend berücksichtigt wurden. Wir hoffen, dass Dr. Lina Schröder weiterhin argumentative Unterstützung leistet.

Die Vision eines "Integrierten Projekts" wurde vom Bundesverkehrsministerium nicht ganzheitlich bewertet. Es gibt Zweifel, wie die Bundesregierung langfristige Strategien zur Umwelt- und Verkehrssicherung im Einklang mit den EU-Zielen gestalten will. Die Petition sollte immer im Kontext des umfangreichen Antrags zu BVWP 2030 und der Dissertation von Dr. Lina Schröder gesehen werden. Mittelfristige Projekte ohne **Endzielkonzeptionen** sind nicht zielführend für die Reduzierung kritischer Infrastrukturen.
Es wird vorgeschlagen, einen **Lehrstuhl für Infrastrukturgeschichte** einzurichten, wenn Politik und Behörden den Paradigmenwechsel nicht vornehmen können. Die Hauptargumente sind, dass sich der Bundestag nicht mit der Vision und den Beweggründen befasst hat, der Petitionsausschuss des Bundestages sich nicht auf die Machbarkeitsstudie eingelassen hat und vielfältige Schadensprognosen vorliegen, ohne dass daraus eine Strategie zur Schadenverhinderung ergibt.
Das Fazit ist, dass es schwierig ist, alles zusammenzufassen, aber es gibt Bedenken hinsichtlich des **Verantwortungsmangels** und der **Inkonsequenz** der Politik in Bezug auf ihre eigenen Gesetze

Einleitung

Das linksrheinische Siedlungs- und Wirtschaftsgebiet zwischen Krefeld und Xanten gilt altersher als **potenzielles Überschwemmungsgebiet** insbesondere bei extremen Rheinabflüssen. Dieser Lebensraum ist seit mehr als 100 Jahren einem untertägigen **Steinkohle- und Steinsalzabbau** ausgesetzt dem die Politik & Behörden nur teilweise unter Anpassung des BBergG Rechnung getragen haben.

RWE lehnt Rhein-Kanal ab

NGZ
29.12.2020

Idee eines offenen Wasserwegs von Dormagen via Antwerpen noch ohne Widerhall.

DORMAGEN (schum) Es war nicht gerade ein schöne Nachricht, die die Hochwasser- und Infrastrukturschutz-Initiative am Niederrhein, kurz HWS, vor Weihnachten erreichte: In einem zweiseitigen Schreiben formulierte RWE-Vorstand Frank Weigand freundlich, aber bestimmt seine ablehnende Haltung zu den Plänen von HWS, einen Kanal von Dormagen aus Richtung Maas mit Anbindung an Nordfrankreich und Antwerpen zu bauen. Ein solcher Kanal soll die Alternative zur Rohrleitung sein, in der Rheinwasser zu den Tagebau-Arealen Garzweiler und Hambach geführt werden soll. „Bitte haben Sie Verständnis dafür, dass wir unsere vorrangige Aufgabe im Rheinischen Revier darin sehen, das im Sommer beschlossene Gesetz über den Kohleausstieg jetzt in konkrete operative Maßnahmen umzusetzen." Ein gänzlich neues Konzept mit einem Kanal sei „angesichts der knappen Zeit nicht umsetzbar."

Seit einigen Monaten ist die Initiative aktiv und versucht nicht nur RWE, sondern vor allem auch Politiker und Minister als Verbündete zu gewinnen. Schreiben richtete er unter anderem auch an Landrat Hans-Jürgen Petrauschke und Bür-

germeister Erik Lierenfeld. Bislang ohne großen Erfolg. Dabei sieht Initiativen-Sprecher H.-Peter Feldmann die besseren Argumente auf seiner Seite. „Ein offener Wasserweg zur Befüllung der Tagebaue wird vielschichtige wasserwirtschaftliche Erfordernisse lösen helfen, ist kommerziell nutzbar und injiziert einen Jobmotor. Dagegen erfüllt eine Rohrleitungstrasse umfänglich nicht die Ziele, die uns das Landesregierung verspricht."

Die Argumente von RWE stoßen bei der Initiative auf Verwunderung: „RWE spricht davon, dass die Rohrtrasse bis 2030 ‚betriebsfertig' sein soll. Dagegen ist doch vom

In Dormagen soll die Rheinwasser-Transportleitung starten. ARCHIV: LH

Zeitpunkt 2035/38 als Stilllegungstermin der Braunkohleverstromung die Rede", sagt Feldmann. „Betriebsfertig zehn Jahre vor der Befüllung?" Die Eile und Behauptung, dass kein Weg an einer Rohrtrasse wegen dem kurzfristigen Stilllegungsbeschluss unumgänglich sei, sei nicht schlüssig. Zudem gebe es keine Antwort darauf, wie und wodurch Hambach mit Rheinwasser gefüllt werden könne. HWS befürchtet: „Was wird sein, wenn die Braunkohle-Tagebaue geflutet sind und der Grundwasserstand sich normalisiert hat?" Eine Gefahr könne ein Grundwasser- und Geländeanstieg sein.

Die Initiative will eine Machbarkeitsstudie für eine Kanalverbindung von Dormagen an die Maas. RWE Power plant eine 24 Kilometer lange unterirdische Rheinwasser-Transportleitung von Dormagen über Rommerskirchen bis Grevenbroich-Frimmersdorf. Für den Bau wurde ein 70 Meter breiter Trassenkorridor festgelegt. „Die beabsichtigte Lösung von Rohrleitungen nach Garzweiler ist falsch", sagt Initiativen-Sprecher H.-Peter Feldmann. „Die Lösung für die Braunkohleproblematik hat keine Auswirkungen auf die Infrastruktur."

Nur durch ständige **Grundwassernivelierung** der LINEG können hier rd. 350.000 Menschen leben und arbeiten. Wer dafür künftig die Kosten zu tragen haben, ist völlig ungewiss.

Bergbaufolgen wirken ewiglich. Vor Jahren wurde der Steinkohleabbau eingestellt. Wogegen der Steinsalzabbau ungebremst unter diesem Risikogebiet weiter gehen soll. Die Ergiebigkeit und Größe der westdeutschen Salzlagerstätte bietet den Zugriff dort, wo die **Ewigkeitsfolgen** am geringsten sind. Daher sind weitere Abbauorte sorgfältiger auszuwählen als wie es im Planfeststellungsantrag jetzt vorgeschlagen wurde.

Der Blick in eine aktuelle topographische Karte vom linken Niederrhein zeigt das bergbaubetroffene Senkungsgebiet in Bezug auf die Zunahme klimabedingten Wassergefahren wie Rheinhochwasser und Starkregen. Rheindeiche verschließen die bergbauinduzierte **abflusslose Geländewanne** aus der -wie amtlich zugegeben – kaum **Rettungschancen** für Mensch und Tier bestehen.

Amtliche Studien aus den Jahren 2000 1) und 2004 2) beschreiben die potenziellen Risiken und beziffern einen potenziellen Schaden von über 100 Mrd. Euro für dieses Gebiet.

Weshalb K+S unter dem **Stadtgebiet von Xanten** Steinsalz abzubauen gedenkt, ist ökonomisch, ökologisch schon gar nicht sozialverträglich.

Hier zeigt sich die Kurzsichtigkeit des Staates bei der Ausgestaltung des BBergG 5), wenn durch den Rohstoffabbau extreme und irreparable **Lebensraumeinschränkungen** zu erwarten sind. Nicht mehr vertretbar ist, dass das BBergG über dem GG steht!

Wenn real bis zur Jahrhundertwende 2100 der Meeresspiegel um ca. 5 Meter steigen wird, hat das gewaltige Folgen für den Schutz am Niederrhein. Deichpflicht. Neue Schutzstrategien könnten die s.g. **Kammerung des Polders** sein.

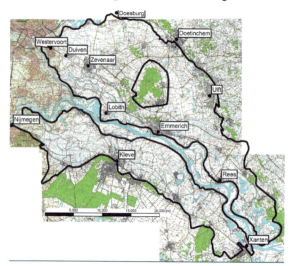

Die **Kammerung** von bergbaubetroffenen und abflusslosen Überflutungsgebieten ist schon vor zwei Jahrzehnten intensiv diskutiert worden.

Insbesondere für das Gebiet zwischen Krefeld und Xanten. Eine Karte darüber liegt mir nicht vor, die gibt es aber.

Antwort auf das Gespräch im Haus der NRW-Umweltministerin vom 12.10. 2020 (Teilnehmer: H-H Schultes, H-P Feldmann)

**Gespräch am 09.09.2020 im Ministerium für Umwelt, Landwirt-
schaft, Natur- und Verbraucherschutz**

Sehr geehrter Herr Feldmann,

für das informative Gespräch sowie die im Nachgang vorgelegten Unter-
lagen danke ich Ihnen herzlich. Im Rahmen des Gespräches hatte ich
zugesagt, den aktuellen Sachstand zu den von Ihnen angesprochenen
Hochwasserschutzwänden in Wesel-Büderich zu prüfen und mit dem
Verkehrsministerium zu klären, ob der Bau eines Kanals zur Verbindung
von Rhein und Maas ggf. aus schifffahrtlichen Gründen unterstützt werden kann.

Für den Hochwasserschutz von Büderich wurden dort in einem Abschnitt
zwei parallel angeordnete, mobile Hochwasserschutzwände planfestge-
stellt und errichtet. Da dieser Bereich aufgrund des Salzabbaus langfristig von Bergsenkungen betroffen ist, waren die Hochwasserschutzanlagen entsprechend der prognostizierten Senkungen zu erhöhen.

Bei einem Probeaufbau im Rahmen der Gewährleistung wurde festge-
stellt, dass sich die wasserseitige mobile Hochwasserschutzwand nicht
aufbauen lässt. Die Ursachen sind vielschichtig und lassen sich vor allem auf falsche Planungsansätze und auf eine von den Planungen ab-
weichende Bauausführung zurückzuführen. In Abstimmung mit dem
Deichverband Duisburg-Xanten und der Bezirksregierung Düsseldorf ist
eine Sanierungsplanung ausgearbeitet worden. Die Ausführungspla-
nung für die Erneuerung der wasserseitigen mobilen Hochwasserschutzwand wird derzeit erstellt.

Die zweite - parallel angeordnete - landseitige mobile Hochwasserschutzwand funktioniert einwandfrei und gewährleistet an dieser Stelle momentan den benötigten Hochwasserschutz. Ein zweireihiger mobiler Hochwasserschutz wird erst im Verlauf der weiteren Bergsenkungen notwendig, wenn sich das Gelände gesenkt hat und die Einstauhöhe der mobilen Hochwasserschutzwände im Falle eines Bemessungshochwassers zunimmt.

Im Hinblick auf den vorgeschlagenen Kanal zwischen Rhein und Maas ergibt sich aus dem von Ihnen nach dem Gespräch zur Verfügung gestellten Schriftverkehr (der hier in dieser Form nicht bekannt war), dass es in den letzten Jahren bereits einen intensiven Austausch zwischen Ihnen und den für die Schifffahrt zuständigen Verkehrsministerien des Bundes (BMVI) und des Landes Nordrhein-Westfalen gegeben hat. Das BMVI teilte am 26.07.2017 mit: „Ein Ausbaubedarf für eine schiffbare Anbindung des Niederrheins an das belgische Kanalnetz liegt nicht vor." Die Staatskanzlei NRW schreibt am 25.10.2017 in Abstimmung mit dem Verkehrsministerium: „Platz für den Neubau einer Wasserstraße in der von Ihnen erdachten Dimension gibt der Finanzrahmen des aktuell gültigen Bedarfsplans [zum Bundesverkehrswegeplan] nicht her. [...] Deshalb wird auch das Verkehrsministerium zu dieser Angelegenheit nicht mehr Stellung nehmen."

Angesichts dieser eindeutigen Stellungnahmen ist eine nochmalige Überprüfung eines eventuellen Kanalbaus leider nicht möglich.

Ich bitte um Verständnis, dass ich mich über den Standpunkt der zuständigen Behörden nicht hinwegsetzen kann und daher derzeit leider keine Möglichkeit sehe, das Kanalbauprojekt zu unterstützen.

Mit freundlichen Grüßen

Ursula Heinen-Esser

Klimafolgen, Ausblick

Meerwasseranstieg bringt Küstenländer in Bedrängnis

Klimawandel – Was bedeutet das ?
Im Kern bezeichnet der Klimawandel die Abkühlung oder Erwärmung des Klimas auf der Erde über einen langen Zeitraum.
Nicht zu verwechseln mit dem Wetter – das, was wir tagtäglich an kurzfristigen, aktuellen Veränderung der Temperatur wahrnehmen.
Der Klimawandel ist kein neues Phänomen.
Wird das Klima extremer ?
Sind die sich häufenden Überschwemmungen ein Indiz dafür
Quelle Umweltbundesamt

Nach gegenwärtigen wissenschaftlichen Erkenntnissen wird die fortschreitende Klimaerwärmung zu Veränderungen der Stärke, der Häufigkeit, der räumlichen Ausdehnung und der Dauer von Extremwetterereignissen führen.

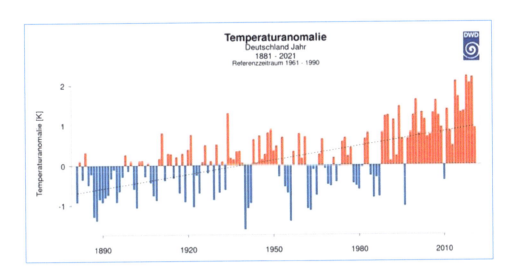

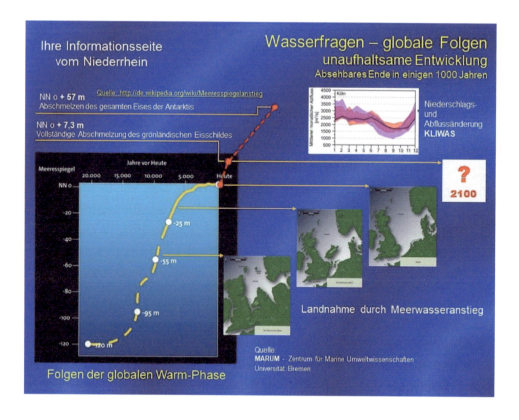

Kernaussagen des 6. Welt-Klimaberichts

Der Klimawandel findet jetzt statt. Der Mensch hat den größten Teil davon verursacht. Die Folgen sind sichtbar und spürbar. Das sind die Hauptaussagen des naturwissenschaftlichen Teils des 6. Sachstandsberichts des Weltklimarats:

„Es ist eindeutig (?), dass der Einfluss des Menschen die Atmosphäre, den Ozean und die Landflächen erwärmt hat. Es haben weitverbreitete und schnelle Veränderungen in der Atmosphäre, dem Ozean, der Kryosphäre und der Biosphäre stattgefunden."

„Das Ausmaß der jüngsten Veränderungen im gesamten Klimasystem und der gegenwärtige Zustand vieler Aspekte des Klimasystems sind seit vielen Jahrhunderten bis Jahrtausende beispiellos."

Prognose des Weltklimarates
bis zum Jahr **2100**:
Meerwasseranstieg um ca. 5 Meter

„Der vom Menschen (?) verursachte Klimawandel wirkt sich bereits auf viele Wetter- und Klimaextreme in allen Regionen der Welt aus."

Hitzewellen & Trockenheit, Starkregen & Überflutungen:

„Der ARD-Meteologe **Sven Plöger** fürchtet weitere Klimakatastrophen (Quelle Buchtitel: „Zieht euch warm an, es wird noch heißer" Auszüge aus der HÖRZU vom 12.05.2023 **„Wir haben kein Wissens-, sondern ein Handlungsproblem!"**

Nur Katastrophen rütteln wach!

Damit meint er: *Die Bedrohung ist für viele Menschen zu unkonkret, zumindest solange sie selbst nicht direkt betroffen sind. So bitter es klingt: Erst eine Katastrophe wie die Überschwemmung im Ahrtal 2021 öffnet vielen die Augen dafür, wie dringend verstärkte Anstrengungen zum Klimaschutz wären. An der Ahr starben mehr als 180 Menschen. Die Sachschäden betragen rund 46 Milliarden Euro. Die Region wird sich über viele Jahre nicht von der Flut erholen."* Graphik vom Deutschen Wetterdienst.

„Der Klimawandel ist auf der Überholspur"

N R Z vom 31.12.2019

Deutschland erlebte 2019 das drittwärmste Jahr seit Beginn der Aufzeichnungen

An Rhein und Ruhr. 1715 Stunden Sonnenschein, Temperaturen bis 41,2 Grad und ausgetrocknete Felder: Das Jahr 2019 war in Nordrhein-Westfalen wärmer, trockener und sonniger als üblich. Damit deckt sich der Trend der vergangenen zwölf Monate in NRW mit der bundesweiten Wetterentwicklung: 2019 war wohl das drittwärmste Jahr in Deutschland seit Beginn der Messungen, wie der Deutsche Wetterdienst (DWD) gestern bekanntgab.

„Der Klimawandel ist auf der Überholspur", sagte DWD-Sprecher Andreas Friedrich nach der vorläufigen Auswertung der rund 2000 DWD-Messstationen in Deutschland. Die Tatsache, dass neun der zehn heißesten Jahre in Deutschland in der Dekade zwischen 2010 und 2019 verzeichnet worden seien, zeige eindeutig: „Das ist kein Zufall." Der DWD-Sprecher sprach von einer „dramatischen Häufung".

schein in Brandenburg, Berlin und Sachsen-Anhalt. Im Juni meldete NRW mit 298 Sonnenstunden zudem einen neuen Rekord. Den Ruf als wärmste Orte von NRW teilen sich seit diesem Sommer mit Spitzentemperaturen Duisburg-Baerl und Tönisforst westlich von Krefeld. Dort kletterten die Temperaturen am 25. Juli auf 41,2 Grad.

Gerade in den Sommermonaten machte zudem ausbleibender Regen den Landwirten und Waldbesitzern Sorgen. So verzeichnete der Ruhrverband im Einzugsgebiet des Flusslaufes den trockensten Sommer seit 1927. Es leiden vor allem Fichten und Buchen unter der Trockenheit und einer ebenfalls durch das Klima befeuerten Borkenkäferplage. Kurz hintereinander sorgten im Frühjahr außerdem zwei heftige Sturmtiefs gefolgt von einem Tornado in der Eifel für Wetter-Schlagzeilen, so der DWD in seinem Rückblick. *dpa*

Quellen, diverse Informationen (Auswahl)
siehe auch unter **www.nr-feldmann.de**

Literatur, Studien, Richtlinien, Dokumente und Diverses

- 1920, Dissertation: „Antwerpen, Rotterdam und ein Rhein-Maas-Schelde-Kanal"
- 1996, STUA, Dezernat 54: Organisation des Hochwasserschutzes am Niederrhein. Stellungahme
- 1999, „NRW-Hochwasserfibel"; Bauvorsorge in hochwassergefährdeten Gebieten. Studie
- 2000, „Potenzielle Hochwasserschäden am Rhein in NRW". Analyse
- 2000, Digitale Geländekarten. Variable Darstellungen, farbliche Höhendarstellungen. TOP 50
- 2004, „Grenzüberschreitende Auswirkungen von extremem Hochwasser am Niederrhein". Studie
- 2004, MUNLV Nachhaltiger Hochwasserschutz. Abschlussbericht zur Studie
- 2008, Deutschlandfunk: „Was bleibt, wenn der Bergbau geht"
- 2013, Sanierungsstand der Deiche im Reg.-Bez. Düsseldorf. Offenlegung
- NRW-Digitale Gefahren und Risikokarten, Betroffene Bewohner, Gewerbegebiete. EU-HWRM-RL, DSchVO,
- 2013, Sonderumweltministerkonferenz Hochwasser am 2. Sept. 2013 in Berlin Konsequenz aus Wetter- und Klimafolgen
- 2014, Wissen & Umwelt: „Hochwasserschutz als nationale Aufgabe" Analyse
- 2017, Dr. Lina Schröder „Der Rhein-(Maas-)Schelde-Kanal als geplante Infrastrukturzelle von 1946 bis 1985: Eine Studie zur Infrastruktur- und Netzwerk-Geschichte", Waxmann Verlag GmbH. Dissertation
- 2018, Dirk van Laak „Alles im Fluss" Die Lebensadern unserer Gesellschaft, Fischer Verlag GmbH

- 2022, Earth for All (Eine Erde für alle) Der neue Bericht an den Club of Rome. 50 Jahre nach „Die Grenzen des Wachstums"

Abkürzungen

BHW77 Bemessungshochwasser von 1977 (zur Bemessung der Deiche)
BHQ2004 dto. von 2004
BRD   Bezirksregierung Düsseldorf
HW   Hochwasser
HWS   HochWasser- und InfrastrukturSchutz-Initiative am Niederrhein
LINEG Linksrheinische Entwässerungs-Gesellschaft
NRW   Nordrhein-Westfalen
NRZ   Neue Rhein Zeitung
StK   Staatskanzlei NRW
PÜG   Potenzielles Überflutungsgebiet des linken Niederrheins
RP   Rheinische Post
RR   Rheinisches Revier

Sonstige Informationen

XANTEN, die Perle am Niederrhein

Rheinberg/Milchplatz:
Deiche hoch wie (bis) 5-stöckige Häuser

Deichbruch Nähe der Rheinfähre bei Xanten 1983

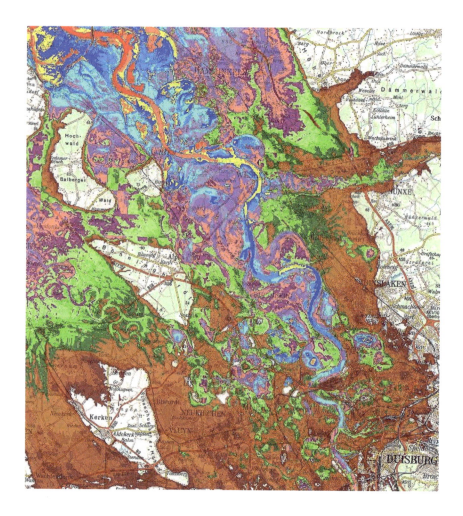

Topographie zwischen Krefeld und Kleve
Quelle:
Digitales Geländemodell aus der Studie von 2000 (TOP 50)
Mit besonderer Aussagekraft der Geländehöhen zur Erkennung von
Senkungsmulden, worin sich Stauwasser bilden kann.

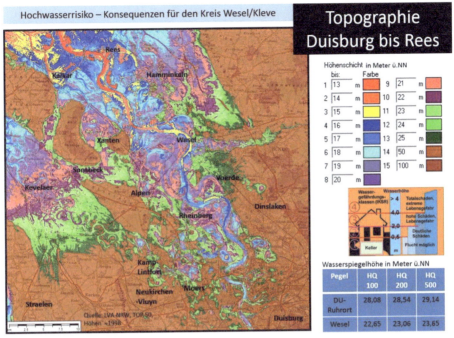

Beispiele topographischer Darstellungen (gemäß Digitaler Karte, lt. Studie von 2000 (TOP 50).

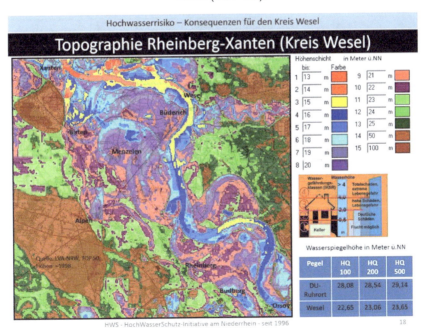

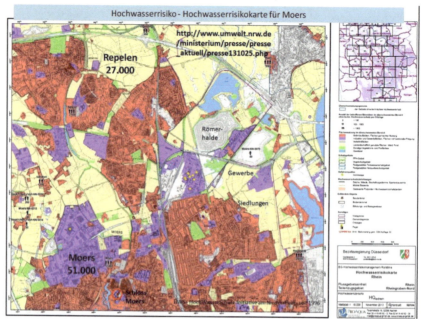

Auswahl digitale Gefahren- und Risikokarten.
Ohne Höhenprofil!

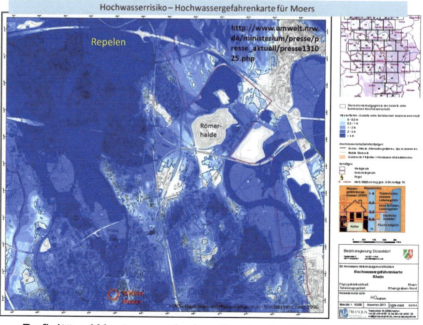

Defizitäre Westeuropäische, Deutsche Wasserstraßen

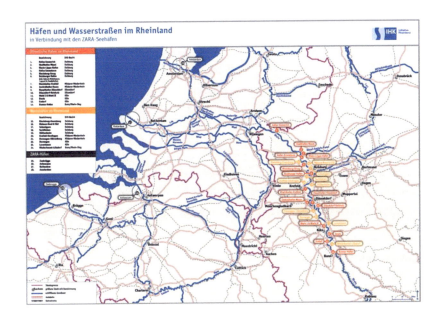

Rheinisches Revier- Ausdehnung des Sümpfungstrichters
(Grundwasserabsenkung)

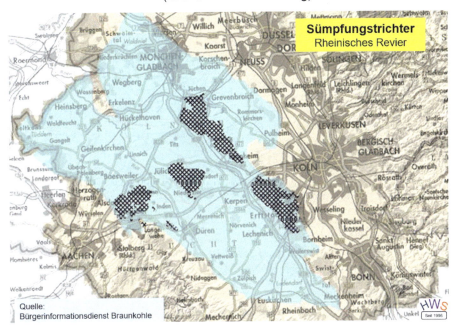

Das Schiff

bringt`s

*Stille Wasser sind bekanntlich tief. Dies gilt, im wahrsten Sinne des
Wortes, auch für die Binnenschifffahrt. Scheinbar lautlos und
unauffällig transportiert sie für uns jede Menge Güter – und das mit
enormen Vorteilen für Mensch und Natur. Nicht ohne Grund gilt das
Binnenschiff als sicherstes und umweltfreundlichstes Verkehrsmittel.*

**Binnenschiffe verbrauchen
wenig Energie**

> Ihre Abgasemissionen sind äußerst
> niedrig

**Binnenschiffe stecken
viel weg**

> Ein einziger Schubverband kann
> bis zu 650 LKWs bzw. 400
> Eisenbahn-Waggons ersetzen

**Binnenschiffe produzieren
wenig Lärm**

> Die Belastung liegt weit unterhalb
> aller zulässigen Grenzwerte

Binnenschiffe sind sicher

> Dank hoher Sicherheitsstandards
> und exzellenter Ausbildung der
> Schiffsführer gibt es kaum Unfälle

Binnenschiffe sind unschlagbar

> Kein anderer Verkehrsträger trans-
> portiert mit so wenig Energie so
> viele Güter so weit

Quelle: *Infotafel Rheinpromenade Wesel*
Eine Gemeinschaftsaktion des Bundesverbandes der
Deutschen Binnenschifffahrt und des Bundes-
Verbandes der Selbstständigen. Abt Binnenschifffahrt,
mit Förderung des Bundesverkehrsministeriums.

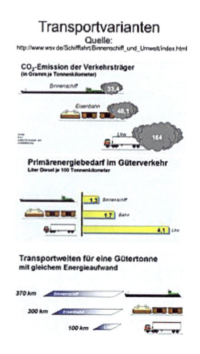

Transportvarianten
Quelle:
http://www.wsv.de/Schifffahrt/Binnenschiff_und_Umwelt/index.html

Montage der Informationen durch

HochWasser- und Infrastrukturschutz-Initiative am
Niederrhein (HWS) Stand Sept. 2018

Verbundbergwerk Rheinland der RAG
Steinkohlezeche Pattberg 1990
AT-Mannschaft der Tagesbetriebe
Foto Privat

Womit ich meine Zeit noch nutze:

Uhrenfreund – DGC-Mitglied – Kunstfreund

Weiteres unter: https://www.nr-feldmann.de/uhrenstudio/

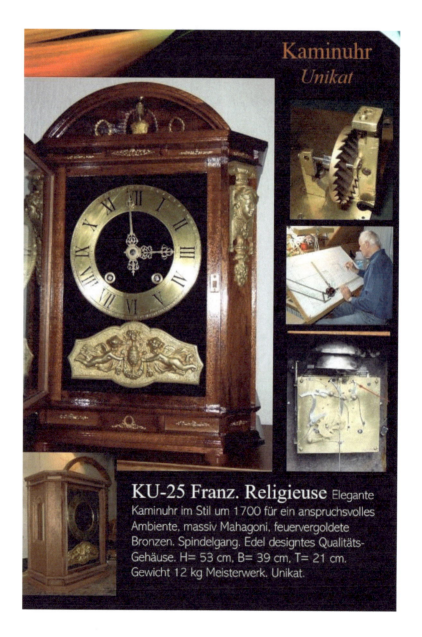

Kaminuhr
Unikat

KU-25 Franz. Religieuse Elegante
Kaminuhr im Stil um 1700 für ein anspruchsvolles
Ambiente, massiv Mahagoni, feuervergoldete
Bronzen. Spindelgang. Edel designtes Qualitäts-
Gehäuse. H= 53 cm, B= 39 cm, T= 21 cm.
Gewicht 12 kg Meisterwerk. Unikat.